U0568853

文风四谈

梁衡 著

中国人民大学出版社
·北京·

山重水复，又说文风

回看来路，想起毛、邓

盘点文风，假大媚空

正本清源，重拾好风

出版前言

十八大以来，改文风、改会风成为社会中一股自上而下倡导和推进的风气。令民心振奋的“八项规定”中有三项规定跟文风有关：讲话要简短，力戒空话、套话；文件简报要精简，有实质内容；对中央政治局同志出席会议和活动的新闻报道要根据工作需要、新闻价值、社会效果决定是否报道等。这三项规定分别从开会讲话、文件简报和新闻报道三方面对文风提出了明确要求。恢复好文风、好会风，已经成为全党、全国上下一致的共识。

文风与世风息息相关。历史上文风的变革多深刻反映和影响了社会的变革。比如古文运动扫除华丽辞藻堆砌的骈文与儒学道统的复兴，白话文取代文言文与民主和科学新思维的大众化，20 世纪 80 年代激进空洞的文风转变为讨论的、务实的文风与改革开放的深入推进和国民经济的巨大发展。

冰冻三尺，非一日之寒。当我们意识到文风之害时，常常已作茧自缚。当前有一些干部、文字工作者，似乎已不会讲话、不会写文章，虽心里明白，手里的笔却不听使唤，“以会议落实会议、以文件落实文件”，难以跳出窠臼。因此当下提倡转变文风，其实也是创设条件让人们敢于说真话，让干部能够说实话，让各种会议和公务活动真正办实事，从而推进全社会发扬民主，集思广益，务实高效，加快社会的改革和进步。

在这一背景下，说清为什么要转文风的道理，回顾学习伟人的典范文风，具体盘点当下的文风陋习，正本清源，探讨良好文风，显然具有极为重要的现实意义。而这样的任务由著名散文家、政论家同时又是新闻理论家的梁衡先生来担当，是再合适不过了。他历任《内蒙古日报》记者、《光明日报》记者、国家新闻出版署副署长、《人民日报》副总编辑，有着丰富的政治阅历和文字阅历，是当前为数不多的一直敢于并善于说真话的学者型官员。

本书选编了梁衡先生的数十篇佳作，包括经典之作，也有最新力作。其中绝大多数曾在《人民日报》、《新华文摘》等重要报刊发表过并被大量转载，本次收入则基本保留文稿初成时的原貌。其中有对各种不良文风的盘点、批评，并特别收录了一些少见的资料；有对我们党的历史上好文风的分析、继承；有对政治、传播和写作理论的探讨。更难能可贵的是，作者以他一向特有的“笑谈真理”的笔调来轻松给出自己对这个严肃、重大的历史课题的解答。从这个角度讲，这是一本匡正文风、辅导写作的好教材，而文章自身又可以当作美文去欣赏。

民族复兴离不开文风复兴。实干兴邦，让我们从转变文风、会风开始！

目　录

山重水复，又说文风

回看来路，想起毛、邓

盘点文风，假大媚空

正本清源，重拾好风

山重水复，又说文风

说文风

在中国历史上，凡社会变动都会伴随着文风的变化。这也好理解，文章、讲话、文艺作品都是表达思想的，形式要服从内容、表现内容。一个人在戏台上穿戏服，在球场上就穿运动服，服装随着动作内容变。正当十八大闭幕不久、十二届全国人大召开之际，各方面的工作都待一变，文风亦有一变。

文风从来不是一股单独的风。它的背后是党风、政风、官风、民风、商风及社会和时代之风。一个社会，经济在下、政治在上，文化则浸润其间，渗于根，发于表。凡一种新风，无论正邪，必先起于上而发于下，然后回旋于各行各业各阶层人众之间，最后才现于文字、讲话、艺术及各种表演。所以，当我们惊呼社会上出现某种文风时，它早已跨山越水，穿堂入室，成了气候。文风这个词虽是中性的，但通常只要单独提出，多半是出了问题。所以党史上治理文风从来是和治理党风、政风连在一起的。影响最大的是1942年的延安“整风”、“清算”和反对“党八股”。

远的不必说，新中国成立以来就有三次大的文风问题。一是1958年及之后两三年的浮夸之风，上面讲大话，“赶英超美”，“跑步进入共产主义”，报上登亩产几万斤，机关炼钢铁，公社办大学，文艺作品口号化。二是“文化大革命”的极左之风，全民处于个人迷信、政治癫狂的状态，报纸成了政治传单，文学作品“高、大、全”，舞台上只剩下样板戏。三就是我们现在面临的文风了，习近平同志概括为“长、空、假”，他说：“当前，在一些党政机关文件、一些领导干部讲话、一些理论文章中，文风上存在的问题仍然很突出，主要表现为长、空、假。”

58′之“浮”、“文革”之“左”、现在之“假”，这是我们60多年来的“文风三痛”。正如恩格斯所说：“不要过分陶醉于我们人类对自然界的胜利。对于每一次这样的胜利，自然界都对我们进行报复。”（《劳动在从猿到人的转变中的作用》）58′之惩是饿肚子、死人；“文革”之惩是国家濒临崩溃；现在“长、空、假”之惩是信任危机，离心倾向加重。所以十八大新班子一开始就疾呼整顿文风，当然也还有其他方面的工作作风。

文风，望文生义，一般地可以理解为文字之风、文艺之风、

人民日报
RENMIN RIBAO

麻城建国一社出现天下第一田
早稻亩产三万六千九百多斤
福建海星社創花生亩产一万零五百多斤紀录

1958年刊登亩产三万多斤的《人民日报》

文化之风，凡是经文字、语言、艺术等手段之传播而成为一种时尚的，都可以算作文风。文风的范围可分为三大类：一是与政治、行政关系密切的文件、讲话、会议及政要人物的文章、著作；二是大众传媒中的文字和节目；三是出版或上演的文学艺术作品。由于文风与社会政治走向，特别是与主政者的好恶关系极大，所以文风的倾向最先反映在与施政相关的第一类文字中，再从第二类到第三类。

"长、空、假"的要害在"假"。虽然坏风无有不假，但与前两次相比，现在的假风已深入骨髓，更加可怕。无论 1958 年之吹嘘经济方面的高产，还是"文革"歌颂"红太阳"，人们内心还有几分真诚，哪怕是在蒙蔽中的真诚。连毛泽东听到钱学森的理论推算，都相信土地能够高产。"文革"中红卫兵真的可以随时为革命、为领袖去献身。"文革"后期曾有"牛田洋"事件，一群军垦大学生和战士手挽手迎向海浪，相信下定决心就能争取胜利，最终却葬身大海。这当然是一幕悲剧，但说明那时还是有一点愚忠、愚真的。现在没有人这么"傻"了，学会了伪装、弄假。如习近平同志所说："有的干部认为讲大话、空话、套话、歌功颂德的话最保险，不会犯错误"，"言行不一、表里不一，台上台下两个形象，圈内圈外两种表现"。没有了"天真"，却假装真诚；没有了"迷信"，却假装服从，这才是最可怕的。

"长"和"空"是为"假"做掩护的。习近平同志说："假，就是夸大其词，言不由衷，虚与委蛇，文过饰非。不顾客观情况，刻意掩盖存在的问题，夸大其词，歌功颂德。堆砌辞藻，词语生涩，让人听不懂、看不懂。"为什么开长会、讲长稿、发空文、争版面、抢镜头及急着个人出书呢？是在作秀，是装着在干活，要弄出点动静来，好显得有才、有政绩。已在位的树碑立传，未到位的借机要官；没有政绩的玩花架子遮假，没有真本事的靠秀才艺壮胆：把工作、干部、群众都绑架在他借公谋私的战车上。邓小平同志指出："我们开会，作报告，作决议，以及做任何工作，都为的是解决问题。"这些"长、空、假"的人心里从来就没有想到过要解决问题，都是在为自己捞资本。工作为轻，我为重，工作都是假的，文风焉能不假？我们可以对比一下，1958年人人头脑发热，"文革"中大搞个人迷信，但还很少有哪一个干部为了个人目的去出书、争版面、抢镜头、发长文。文风之堕落，于今为烈。

这种"长、空、假"怎么治呢？上有所好，下必甚焉，文风是末，官风是本。治文风要先治党风、政风，特别是官风。习近平同志指出："各级领导机关和领导干部要起带头作用。文风问题上下都有，但文风改不改，领导是关键"，"要增强党性修养。坚持以德修身，努力成为高尚人格的模范。只有自己的境界高了，没有私心杂念，才能做到言行一致、表里如一，讲出的话、写出的文章人们才愿意听、愿意看"。

纵观历史，每当一种不好的文风得到治理时，社会也就大前进一步了。

我们期待着。

（《秘书工作》2013年第3期）

人民日报

RENMIN RIBAO

2012年12月 5 星期三

习近平在首都各界纪念现行宪法公布施行30周年大会上发表重要讲话强调

恪守宪法原则弘扬宪法精神履行宪法使命 把全面贯彻实施宪法提高到一个新水平

吴邦国主持大会 李克强张德江俞正声刘云山等出席

1982 2012

中共中央政治局召开会议 审议关于改进工作作风、密切联系群众的有关规定 分析研究二〇一三年经济工作

中共中央总书记习近平主持会议

吴邦国出席全国人大机关宪法墙揭幕仪式

温家宝会见吉尔吉斯斯坦总统阿坦巴耶夫并同萨特巴尔季耶夫总理举行会谈

评论员文章：以作风正党风 以党风赢民心

《人民日报》2012年12月5日发表中共中央关于改进工作作风、密切联系群众的八项规定

开会与讲话

党政部门的日常工作是大量的开会和讲话，它就像我们吃饭和喝水一样平常。但是在这最平常的事情中却最能体现出我们的作风和效率。因此，很有必要重新审视一下我们平时开会与讲话的质量，以改进我们的工作作风。

开会是在酿造新思想

会议有各种类型，传达会、报告会、汇报会、研讨会等等，但不管有多少种名堂，一律要有新思想。与会者到会场来就像人肚子饿了进食堂，总不能再空着肚子回去。但是很可惜，我们的许多会议就像一张没有上菜的餐桌，大家只能拿着筷子空比划。会议是酿造新思想的，是制作精神之餐的，一个好的会议，连会场中的空气中都充满着思想。一个好的报告会，报告人要能牵着人的思维走，就像一面聚焦镜，能将人的思维从会场的各个角落聚拢来又发射出去，使每一个与会者都感到一种共鸣的力量，整个会场有一种共振的效果。一个好的讨论会，会场像一场无形的足球赛，每个人的思维之足都伸向那个唯一的球，激烈地争夺，充分地交锋。如果与会者言不及义，言不由衷，就像一场没有球的球赛，有什么踢头？一个好的汇报会，每一个汇报者就是一团吐着新焰的火苗，听者是一锅平静的冷水，得用你的温度去使他激动，使他沸腾，直到整个会场万焰跳动，热气腾腾，思想气化、升华，贯满会场的每一个角落。开会是一件很严肃、很郑亶的事。解放前我们在根据地开一次重要会议，常常要让干部冒着生命危险从敌占区回来，有的同志就牺牲在来开会的途中。但是没有办法，不开会就不能统一思想，革命会损失更大。现在世界上每年不知道有多少双边、多边甚至全球性的会议。人们总是带着原来的想法来到会议室，又带着新的想法离开会议室，去工作，去实践。可以说是会议推动各方面的工作，推动这个地球。

人类文明史的进程只记录那些新的创造、新的思想，而把重复的东西统统甩掉。比如科学史上记住了牛顿、爱因斯坦，社会科学史上记住了马克思、恩格斯等，因为他们有创造。一个会议也是这样，历史只记住了那些划时代的有开创意义的会议，比如中共党史上的一大、七大、遵义会议，因为这些会议产生了新思想，这些思想形成了党的路线，胜利地指导了党的实践。大会如此，小会也是这样，我们开一次会总要能产生一点新的思想，对工作有一点推动，这样的会议才值得开。可惜就像大吃大喝已经失去了吃饭充饥的意义一样，现在许多会议也早已失去了酝酿新思想的意义。会议的浪费是一种更大的隐形的浪费。

要想切实提高会议的质量，有两条应该做到。一是主持者要精心选题。要摘熟瓜，不要摘生瓜。会议既然是酿造新思想的，就先要看酿造的时机是否成熟，先找到突破口，选准题，会前要做细致的调查准备工作。会议题目选准了，这个会也就成功了一半。会议应急社会之急、工作之急和与会者之急，有的放矢。党的历史上的八七会议、遵义会议、十一届三中全会等许多重要会议都是因为时局危急，不开不行。这种会，绝不会空泛，不会说旧话、套话，它逼着我们必得产生一个新思想、新方案。这才是真正意义上的开会。现在有些会议所以质量不高，就是因为它不急，不反映工作发展到此时此刻的话题，是一种四季歌式的例会。于是就空谈、就旅游、就吃喝，到时散会走人。二是要调动与会者积极参与。开会如打仗，既要选战机又要鼓士气。会议开得好不好最终要看与会者的思想变化。与会者的思想就是会议的原料，主持人的本事就是博采众料，善掌火候，把与会者的各种想法掏出来，再酿出一个统一的新思想。如果做不到这一点，只能水过地皮湿，会议也就走了过场。本来每一个人都有自己的观点、想法，大家凑到一起，总会有新思想、新方案，许多突然召集的会议也有开出效果的。可惜我们的许多主持人“武大郎开会”，听不出、发现不了每个人的新思想，更不能像好厨师一样巧用料，善掌火，变出一个新菜。而是像典礼上的司仪，只会刻板地宣读程序。过去，农村搞极左，农民出工不出力，“人哄地皮，地哄肚皮”，产不下粮食。同样，言不由衷，你哄我、我哄你的会议也产不出新思想。凡开会，会前没有急切之心，会上没有求新之心，这样的会议是开不好的。

讲话就是在做工作

就像写字和说话是我们表达思想的两种方式，发文件和讲话也是我们工作的两种方式。但是常常有一种错觉，好像正襟危坐，宣读文件才算是工作，而讲话就常被当作是应酬、客套、例行公事。于是空话、套话，甚至假话到处可见。现在干部的文化水平高了，我们可以通过文件、报刊来工作。解放前我们动员打仗、搞“土改”，大多数时候都是靠讲话。那时基层干部文化水平低，不少还是文盲，他们就只带着一双耳朵来开会，听了我们的讲话，回去一传达，工作就轰轰烈烈地干起来了。那时候要是也像现在这样打官腔，哪有这个江山？检验我们讲话质量的最好办法，就是问一问群众记住了多少。如果一句话也没有记住，说明你的话没有用，没有入脑、入心，没有起到工作效果，或者你原本就没有想到要通过讲话来做工作。

工作是什么，就是改变现状，原地踏步不是工作。重复不是工作，有突破、有增减、有改进才是工作。欲改工作之状，先变工作之人，要先武装他的头脑，改变他的思想。所以我们讲话时要给人新信息、新知识、新思想，要通过这三把钥匙开启听者的心扉，开启他头脑里紧闭的大门。他接受了你的新东西，精神变物质，去创造新的工作，这也就证明你的讲话有了作用。

现在为什么一些干部讲话人们不爱听？一是旧，没有新信息。不调查研究，捕捉不到新情况，总是在说老话，举老的例子，甚至比群众知道的还要少，就像局外人给当事者讲故事，听者不好意思捅破，只好耐着性子听。二是浅，没有知识度。知识是在实践中获得的认识和经验。知识比信息又进了一步，已不是事物的皮毛，开始反映事物的规律。凡从事某一种工作，就必须有这方面的知识，就像一棵百尺之树必须有十丈之根。知识是某种专业、某种工作的根。而我们一些同志对自己所干的事察之不深，吃之不透，讲话讲不到根上，常抓住一点自以为得意的枝叶、花絮哗众取宠，而听的人却早在暗暗叫俗、叫浅了。毛泽东在延安时就给这种人画像：墙上芦苇头重脚轻根底浅，山间竹笋嘴尖皮厚腹中空。这样怎么能做好工作？三是死板，没有新思想。讲话的内容不但要有信息、有知识还要有新思想。信息和知识是死的，是垫在脚下的阶梯，思想是活的，是拿在手里的工具。给人以知识和信息好像替人打开窗户，吹进清风；给人以思想则是让他自己推窗望远，吐故纳新。“鸳鸯绣出从君看，‘又将’金针度与人”，工具比产品更宝贵。讲历史唯物主义比讲历史更重要，讲辩证法比讲故事更重要。有思想的语言人们才能记得住。为什么毛泽东、邓小平乃至孔子、老子这些哲人的话我们现在还记得，就是因为其有深刻的思想，是工具、是指南，起作用的时间长。我们平时讲话不敢企求有多么深的哲理，但既然指导工作，总要超出现象说一点道理，好让人家举一反三，去想去做。而不少同志讲话就是一架复印机，省里传达中央的，县里传达省里的，乡里传达县里的。上面的精神虽好，还得要加上我们创造性的劳动才能落实。每一个负有一定责任的干部，一定要找到上面精神与自己工作的结合点，在这里生根发芽，结出自己的工作之果。这才是你的思想，才是活的东西，你只有讲这一点时，群众才爱听。

最后还有一点，就是语言。我们许多同志讲出的话，就像隔日的蔬菜，干涩软蔫。信息、知识、思想都可以是转承过来的，唯有语言只能是自己的，它像笔迹、指纹一样有个性。说的过程也是创造，同样一句台词，不同的演员念出来，效果就不一样。清代学者李渔说："同一话也，以尖新出之，则令人眉扬目展，有如闻所未闻；以老实出之，则令人意懒心灰，有如听所不必听。"比如，他这里就放意把"心灰意懒"用成"意懒心灰"。讲话如穿衣，不能一年四季总是一身衣服。人不变，衣常换，也有新鲜感。语言不新没有个性，人们听起来就"意懒心灰"，稍一转换，就"眉扬目展"。比如我们平常说不能讲空话，说多了这词也不新了。一位领导同志视察山区，听到一件事。山区多野猪，常于夜间糟害庄稼，农民先以锣鼓惊吓，后将喇叭悬于电线杆上放录音。野猪开始不敢来，后渐渐靠近，最后干脆将电线杆都掀倒了。这位同志说：讲假话连野猪都骗不了，谁还爱听。这就是"以尖新出之"，就有了新意，人们也容易记住。

关键是要有责任心和创造心

我们的讲话和会议如何才能不平淡呢？一是责任心要强，主持者不能例行公事。一般来讲，当我们的工作亟须突破时，这会议和讲话就有实效，因为这时不允许你敷衍。时势逼你尽职尽责。就像我们饭后在平路上可以漫不经心地散步，爬楼梯时就得认真出点力了。没有听说饭后在楼梯上散步的。散步的本意是走路，但它已被异化为一种休息；开会、讲话的本意是工作，但也能被异化为一种过场。如果我们时时有重任在身，有如履薄冰的责任心，会议和讲话的质量就高得多了。

二是要有创造心。作家追求“语不惊人死不休”，艺术家追求技压群芳，运动员追求破纪录。他们都把自己的专业生命定位在创造出新上，不新不如不做。工作也是这样，开会必得形成新思想，讲话必得有新效果，不新就没有必要去做。当工作没有新意时，会议就没有生气，讲话就没有新词；当工作找不到新问题时，会议就没有焦点，讲话就讲不到点子上，就像拿眼药水往腿上抹。当一个人有很强的责任心和创造心时，他就会把每一次会议、每一次讲话都当作一次创造，力求有新的效果。同时许多没有必要的不出新思想的会议，许多不起作用的只是应酬的讲话可以统统省掉，这样我们工作的效率也不知可以提高多少倍。

（1996 年 7 月 8 日）

笑谈真理又何妨

这个题目是我读初中时，在《人民日报》上见到的一篇文章的标题。文章引列宁的话意说，我们谈话写文章为什么一定要板着面孔？就是严肃的真理也可以笑着来谈。这是讲宣传方式和效果。几十年过去了，我一直没有忘掉这个题目，因为天天读报，特别是读言论时，看到的仍是板面孔多，笑面孔少。所以在参加了一次言论评奖后又拾起这个少时的旧题想再做篇文章。

这次参评作品中有一篇题为《“揉屁股”现象及其他》(《承德市报》)的言论，终于使我笑了起来。文章说小时候惹了祸，父亲气得拉过来狠揍一顿屁股；过后母亲又搂过来心疼地揉一揉。现在不少单位在报上挨了批评后，便要求接着发篇改正稿，甚至表扬稿，不发还不行，非得给“揉一揉”才算了事。此稿批评捧场、作假、护短甚至要赖的社会风气，入木三分，却又让人忍俊不禁，可谓笑谈真理。

真理的内容是一回事，表达方式又是一回事。许多重大的、艰深的问题是可以通过轻松、幽默的方式来笑谈的。毛泽东同志一生大都在笑谈真理。重庆谈判，人问：“和谈破裂，毛先生能战胜蒋先生吗?”他说：“蒋先生的‘蒋’是将军头上加棵草，不过草头将军而已。”说完大笑。“那‘毛’字呢？”“我的‘毛’是毛手毛脚的毛，又是个反‘手’，代表大多数中国人民的共产党战胜国民党易如反掌。”这是何等的自信，又何等轻松。当大革命失败，许多人心灰意冷时，他说，革命高潮就要到来，是海上已露出桅尖的航船，是喷薄欲出的红日，是躁动于母腹的婴儿。革命快胜利了，我们要进城了，他说，这是万里长征第一步，要警惕糖衣炮弹。作为接班人的林彪突然叛逃，他说，天要下雨，娘要嫁人，由他去吧。科学家也在笑谈真理。有人向爱因斯坦请教相对论，他说，与老妪相坐日长如年，与漂亮的姑娘相坐时快如梭。法拉第作学术演讲，并表演磁变电实验，台下一位爵士问：可是这又有什么用？法拉第说：用不了多久它就会向你交税的。现在全世界用电创造的财富究竟有多少，谁能统计清楚？

真理是既深刻又平凡的。深刻是因为它反映了事物的本质，又常为表象所掩蔽；平凡是因为和人的切身利益有关，人人可以感受感知。新闻是不断通过信息（现象）的叠加，供读者分析认识事物；理论是直接揭示规律（如原理、定理、公式）给读者；笑谈真理则是借读者已经感受到的现象或道理喻知事物的本质，如诗歌艺术中的比兴手法，由此及彼，由浅入深，渐入佳境，更见效果。

真理而能笑谈，第一是作者拥有真理的自信，第二是他知识的渊博。笑，是胜券在握时表现出的轻松。两人辩论，理屈词穷的一方总是紧张得手心都出汗，而将胜一方可以一言不发，只以微笑来逼视对方的窘态。笑谈又是一种附加了形式美的对内容的阐述。像足球射门，可定点射入，也可凌空倒钩一脚射入，虽然都得一分，但后者更能博得观众雷动的欢呼。杂技舞台上的丑角恰由水平最高的演员担任，他能在技巧之外又加进艺术（语言的、形象的），从而使观众获得轻松的享受。苏东坡词“谈笑间，樯橹灰飞烟灭”，那是一种何等自信的实力的显示。

言论作者只有在吃透了自己所论的问题，同时在知识、语言、方法上又都绰绰有余时，才能笑谈真理，举重若轻，深入浅出，又真又美。

（1992年9月18日）

附

“揉屁股”现象及其他

这些年，人们对社会上的各种现象见得多了，一多，就会有麻木之感。小的时候，每当自己惹了“祸”（不过就是打碎了人家的玻璃抑或打破了人家小孩的头一类而已），当爹的总是不问前因后果就先揍一顿屁股；过后，当娘的又疼心疼肝地给揉那屁股。

现实生活中，类似这种“揉屁股”现象是时有发生的。例如，今天甲企业因生产不合格产品而受到有关部门或新闻单位的批评；未过几天，又见报纸上刊出甲企业如何接受教训，全力以赴抓产品质量，目前产品质量已达到国家规定的标准，云云。短时间内，反差如此之大，倒使人产生出批评有误或别的什么想法来。不过，在这类现象里，又出了另一种新的现象：小时候屁股挨了打，当娘的总是主动去揉的；而今天的被“打”者，却找上新闻单位或有关部门，要求给“揉一揉”。这里，揉者一个主动，一个被动，便引了一些问题出来。

打碎了玻璃自然不对，但当爹的不问青红皂白就揍屁股，这是典型的主观意志和家长作风，孩子肯定会感到委屈，当娘的也就主动去揉了。而今一些被“打”者，多半是有些前因后果在里面的，既然挨了打，就应痛定思痛，不再犯这样的过失，如果觉得疼，也得事后等人家主动来“揉”，找上门去，硬让人家揉，那总归显得有些尴尬，也会使人觉得缺少改正错误的诚心。

其实，有些单位和部门明明问题不少，但总是自吹自擂，老虎屁股摸不得更打不得。如其不然，就兴师动众，这儿找那儿找，似乎是受了天大的冤枉；既要求给其“更正”，又要求恢复其“名誉”，好像批评单位或个别同志有意为难似的。相比之下，那些找上门去，要求“打”后“揉一揉”的，倒成了最为文明的了。这显然是不正常的。

从“揉屁股”现象反映出，目前一些单位和部门的领导存在着严重的本位主义、小集团主义思想，甚至是官官相护的封建意识，这与我们党一贯倡导和奉行的三大作风是完全相悖的。真正的领导者面对批评则应是闻过则喜，而决不应视为洪水猛兽；即使感到有些“委屈”，那也只能是从局部看的相对的“正确”，但从全局来看，则是绝对的错误。对此，还请三思而后行。

（《承德市报》1991年11月6日，作者：吴志国）

回看来路，想起毛、邓

文章大家毛泽东

今年是毛泽东诞辰 120 周年，他离开这个世界也已 37 年。政声人去后，尘埃落定，对他的功过已有评说，以后也许还会争论下去。但对作为文章家的他还研究不够，这笔财富有待挖掘。毛说革命夺权靠枪杆子和笔杆子，但他自己却从没有拿过枪杆子。他手下有十元帅、十大将，一千多个将军（1955 年第一次授衔），从井冈起兵到定都北京，抗日、驱蒋、抗美，谈笑间强敌灰飞烟灭，何等潇洒。打仗，他靠的是指挥之能，驭将用兵之能。但笔杆子倒是一辈子须臾不离手，毛笔、钢笔、铅笔，笔走龙蛇惊风雨，白纸黑字写春秋。虽然他身边也有几个秀才，但也只是伺候笔墨，实在不能为之捉刀。他那种风格，那种语言，那种做派，是浸到骨子里，溢于字表，穿透纸背的，只有他才会有。中国是个文章的国度，青史不绝，文章不绝。向来说文章有汉司马、唐韩柳、宋东坡、清康梁，群峰逶迤，连绵不绝。毛泽东算得一个，也是文章群山中一座巍峨的险峰。

思想与气势

毛文的特点首在磅礴凌厉的气势。毛是政治家、思想家，不同于文人雕虫画景，对月说愁，他是将政见、思想发之于文章，又借文章来平天下的。

陆游说："汝果欲学诗，功夫在诗外。"文章之势是文章之外的功夫，是作者的胸中之气、行事之势。势是不能强造假为的，得有大思想、真城府。我在谈范仲淹一文中曾说到古今文章家有两种，一是纯文人，一是政治家。文人之文情胜于理，政治家之文理胜于情。理者，思想也。写文章，说到底是在拼思想。只有政治家才能总结社会规律，借历史交替，风云际会，群雄逐鹿之势，纳雷霆于文字，排山倒海，摧枯拉朽，宣扬自己的政见。毛文属这一类。这种文字不是用笔写出来的，是作者全身心社会实践的结晶。劳其心，履其险，砺其志，成其业，然后发之为文。文章只是他事业的一部分，如冰山之一角，是虎之须、凤之尾。我们可以随便举出一些段落来看毛文的气势：

> 我们中华民族原有伟大的能力！压迫愈深，反动愈大，蓄之既久，其发必速，我敢说一怪话，他日中华民族的改革，将较任何民族为彻底。中华民族的社会，将较任何民族为光明。中华民族的大联合，将较任何地域任何民族而先告成功。诸君！诸君！我们总要努力！我们总要拼命的向前！我们黄金的世界，光华灿烂的世界，就在前面！（《民众的大联合》）

这还是他在中国共产党成立前"五四"时期刚要踏入"江湖"的文章，真是鸿鹄一飞便有千里之志。明显看出，这里有梁启超《少年中国说》的影子。文章的气势来源于对时代的把握，毛在新中国成立前的每个历史时期都能高瞻远瞩，甚至力排众议地发出振聋发聩之声。

当党内外对农民运动有动摇和微词时，他大声说："革命不是请客吃饭，不是做文章，不是绘画绣花，不能那样雅致，那样从容

不迫，文质彬彬，那样温良恭俭让。革命是暴动，是一个阶级推翻一个阶级的暴烈的行动。”（《湖南农民运动考察报告》）

井冈山时期，革命处于低潮时，他甚至用诗一样的浪漫语言预言革命高潮的到来：“它是站在海岸遥望海中已经看得见桅杆尖头了的一只航船，它是立于高山之巅远看东方已见光芒四射喷薄欲出的一轮朝日，它是躁动于母腹中的快要成熟了的一个婴儿。”（《星星之火，可以燎原》）

当抗日战争处在最艰苦的相持阶段，许多人苦闷、动摇时他发表了著名的《论持久战》指出：“武器是战争的重要的因素，但不是决定的因素，决定的因素是人不是物。力量对比不但是军力和经济力的对比，而且是人力和人心的对比。”“抗日战争是持久战，最后胜利是中国的——这就是我们的结论。”

你再看解放战争中他为新华社写的新闻稿：

> 英勇的人民解放军二十一日已有大约三十万人渡过长江。渡江战斗于二十日午夜开始，地点在芜湖、安庆之间。国民党反动派经营了三个半月的长江防线，遇着人民解放军好似摧枯

1938年，毛泽东在延安窑洞撰写《论持久战》

拉朽，军无斗志，纷纷溃退。长江风平浪静，我军万船齐放，直取对岸，不到二十四小时，三十万人民解放军即已突破敌阵，占领南岸广大地区，现正向繁昌、铜陵、青阳、荻港、鲁港诸城进击中。人民解放军正以自己的英雄式的战斗，坚决地执行毛主席和朱总司令的命令。(《我三十万大军胜利南渡长江》)

我军“摧枯拉朽”，敌军“纷纷溃退”，“长江风平浪静”。你看这气势，是不是有《过秦论》中秦王振四海、制六合的味道?

再看他在1949年第一届政协会议上的致词：

诸位代表先生们，我们有一个共同的感觉，这就是我们的工作将写在人类的历史上，它将表明：占人类总数四分之一的中国人从此站立起来了。……让那些内外反动派在我们面前发抖吧，让他们去说我们这也不行那也不行吧，中国人民的不屈不挠的努力必将稳步地达到自己的目的。

这是一个胜利者的口吻，时代巨人的口吻。新中国成立后美国搞核讹诈，他说：“帝国主义及一切反动派都是纸老虎。”古今哪一个文章家有这样的气势！

从上面所举毛泽东不同时期的文章中能看出他对自己的事业充满信心。为文要有丹田之气，不可装腔作势。古人论文，讲气，气贯长虹，力透纸背。韩愈搞古文运动，就是要恢复汉文章的质朴之气，他每为文前先读一遍司马迁的文章，为的是借一口气。以后人们又推崇韩文，再后又推崇苏东坡文，都有雄浑、汪洋之势。苏东坡说：“吾文如万斛泉涌，不择地皆可出。在平地，滔滔汩汩，虽一日千里无难。及其与山石曲折，随物赋形，而不可知也。”他们的文章之所以有气势，是因为有思想，有个性的思想。毛泽东的文章也有思想，而且是时代的思想，曾是一个先进的政党、一支战无不胜的队伍的思想，与之不可同日而语。毛泽东也论文，他不以泉比，而是以黄河来比："文章须蓄势。河出龙门，一泻至潼关。东屈，又一泻至铜瓦。再东北屈，一泻斯入海。……行文亦然。"毛在《讲堂录》中说："才不胜今人，不足以为才；学不胜古人，不足以为学。"无论才学，他都是立志要超今人和古人的。如果说苏文如泉之涌，他的文章就是海之波涛了。

说理与用典

毛文的第二个特点是知识渊博，用典丰富。

中国传统的治学方法重在继承，从小孩子入私塾那一天起就背书，先背了一车经典，宝贝入库，以后用时再一件一件拿出来。毛泽东正当五四前后，新旧之交，是受过这种训练的。他自述其学问，从孔夫子、梁启超到拿破仑，什么都读。作为党的领袖，他的使命是从外国借来马克思主义领导中国人民推翻一个旧中国。要让中国的民众和他领导的干部懂得他的思想，就需要用中国人熟悉的旧知识和人民的新实践去注解，就是他常说的马克思主义中国化。这是一件真本事、大本事，要革命理论、传统知识和革命实践三样皆通，缺一不可。特别要对中国的传统典籍烂熟于心，还能翻新改造，结合当前的实际。在毛泽东的书中我们几乎随处可见他恰到好处的用典。

这有三种情况。一是从典籍中找根据，证目前之理，比如在《为人民服务》中引司马迁的话：

> 人总是要死的，但死的意义有不同。中国古时候有个文学家叫做司马迁的说过："人固有一死，或重于泰山，或轻于鸿毛。"为人民利益而死，就比泰山还重；替法西斯卖力，替剥削人民和压迫人民的人去死，就比鸿毛还轻。张思德同志是为人民利益而死的，他的死是比泰山还要重的。

这是在一个战士的追悼会上的讲话，作为领袖，除表示哀悼之外，还要阐明当时为民族大业牺牲的意义。他一下拉回两千年前，解释我们这个民族怎样看待生死。你看，司马公有言，自古如此，你不能不信，一下增加了文章的厚重感。司马迁的这句话也因毛的引用而被赋予了新的含义，更广为流传。忠、孝、仁、义是中国传统的道德观。毛引用它却这样给以新的解释：

> 要特别忠于大多数人民，孝于大多数人民，而不是忠孝于少数人。对大多数人有益处的，叫做仁；对大多数人利益有关的事情处理得当，叫义。对农民的土地问题、工人的吃饭问题处理得当，就是真正的行仁义。（《关于国民精神总动员的号召》）

这就是政治领袖和文章大家的功力：能借力发力，翻新经典，为己所用；既宏扬了民族文化，又普及了经典知识。

二是到经典中找方法，以之来比喻阐述一种道理。

毛的文章大部分是论说文，是说给中国的老百姓或中低层干部听的。所以搬出中国人熟悉的故事，以典证理成了他常用的方法。这个典不一定客观存在，但它的故事家喻户晓，蕴含的道理颠扑不破。如七大闭幕词这样重要的文章，不但行文简短，只有千数字，而且还讲了一个《愚公移山》的寓言故事，真是一典扛千斤。毛将《水浒传》、《西游记》、《三国演义》这些文学故事当哲学、军事教材来用，深入浅出，生动活泼。他在《中国革命战争的战略问题》中这样来阐述战争中的战略战术：

> 谁人不知，两个拳师放对，聪明的拳师往往退让一步，而蠢人则其势汹汹，辟头就使出全副本领，结果却往往被退让者打倒。《水浒传》上的洪教头，在柴进家中要打林冲，连唤几个“来”“来”“来”，结果是退让的林冲看出洪教头的破绽，

一脚踢翻了洪教头。

孙悟空在他笔下，一会儿比做智慧化身，钻入铁扇公主的肚子里；一会儿比做敌人，跑不出人民这个如来佛的手心。1938 年 4 月在对抗大的一次讲话中，他甚至还从唐僧的坚定、八戒的吃苦、孙悟空的灵活中概括出了八路军、新四军的“三大作风”。像这样重要的命题，这样大的方针他都能从典故中轻松地顺手拈来，从容化出。所以他的报告总是听者云集，欢声笑语，毫无理论的枯涩感。他是真正把古典融于现实，把实践融进了理论。

三是为了增加文章的渲染效果，随手拿来一典，妙趣横生。

在《别了，司徒雷登》中他这样来写美国对华政策的破产：“总之是没有人去理他，使得他‘茕茕孑立，形影相吊’，没有什么事做了，只好挟起皮包走路。”这里用了中国古典散文名篇《陈情表》里的句子。司徒雷登那个孤立、无奈、可怜的样子，永远定格在中国人的记忆中了。就司氏本人来说，他对中国还是很有感情的，也为中国特别是中国的教育事业做了不少好事，但阴差阳错，他在历史变革的关键时刻扮演了一个特殊角色，也就只好背上了这个形象。

毛的用典是出于行文之必需，绝不卖弄，不故做高深地掉书袋。他是认真地研究并消化了经典的，甚至认真到考据癖的程度。如 1958 年刘少奇谈到贺知章的诗《回乡偶书》：“少小离家老大回，乡音无改鬓毛衰。儿童相见不相识，笑问客从何处来。”以此来说明唐代在外为官不带家眷。毛为此翻了《旧唐书》、《全唐诗话》，然后给刘写信说：

> 唐朝未闻官吏禁带眷属事，整个历史也未闻此事。所以不可以“少小离家”一诗便作为断定古代官吏禁带眷属的充分证明。自从听了那次你谈到此事以后，总觉不甚妥当。请你再考

一考，可能你是对的，我的想法不对。睡不着觉，偶触及此事，故写了这些，以供参考。

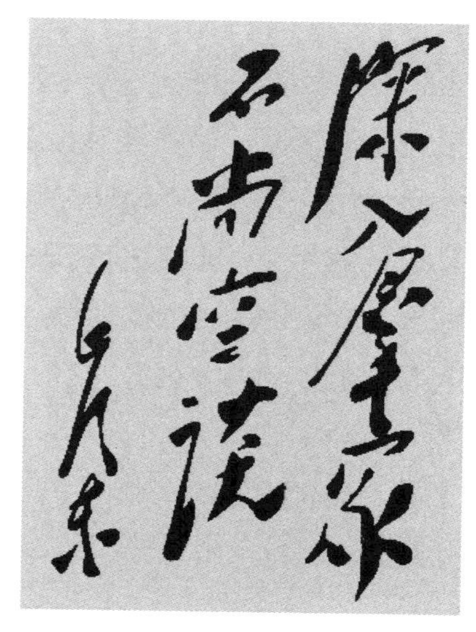

毛泽东题词："深入群众，不尚空谈"

现在庐山图书馆还保存有毛在庐山会议期间的借书单，从《庐山志》、《昭明文选》、《鲁迅全集》到《安徒生童话》，内容极广。这里引出一个问题：一个领袖首先是一个读书人，一个读了很多书的人，一个熟悉自己民族典籍的人。他应该是一个博学的杂家，只是一方面的专家不行；只读自然科学不行，要读社会科学，读历史，读哲学。因为领导一个集团、一场斗争、一个时代靠的是战略思维、历史案例、斗争魄力和人格魅力。这些只有到历史典籍中去找，在数理化中和单一专科中是找不到的。一个不会自己母语的公民不是合格的公民，一个不熟悉祖国典籍的领袖是不合格的领袖。

讽刺与幽默

毛文的第三个特点是充满辛辣的讽刺和轻松的幽默。不装不假，见真人性。

人一当官就易假，就要端个架子，这是官场的通病。越是大官，架子越大，越不会说话。毛是在党政军都当过一把手的，仍然嬉笑怒骂，这不容易。当然他的身份让他有权这样，但许多人就是洒脱不起来。权力不等于才华。毛的文章虽然都是严肃重要的指示、讲话、决定、社论等，又都是在残酷的战争环境中生成的，但是并不死板，并不压抑。透过硝烟，我们随处可见文章中对敌辛辣的讽刺和对自己人幽默的谈吐。讽刺和幽默都是轻松的表现，是举重若轻。我可以用十二分的力打倒你，但我不用，我只用一根银针轻刺你的穴道，你就酸痛难忍，哭笑不得，仆身倒地，这是讽刺；我可以用长篇大论来阐述明白一个问题，但我不用，我只用一个笑话就妙解其理，让你在轻松愉快中茅塞顿开，这是幽默。总之是四两拨千斤。这是一个领袖对自己的事业、力量和韬略有充分信心的表现。毛曾自信地说："我们的事业是正义的。正义的事业是任何敌人也攻不破的。"

我们先看他的讽刺。对国民党不敢发动群众抗战，毛在新闻稿中说：

> 可是国民党先生们啊，这些大好河山，并不是你们的，它是中国人民生于斯、长于斯、聚族处于斯的可爱的家乡。你们国民党人把人民手足紧紧捆住，敌人来了，不让人民自己起来保卫，而你们却总是"虚晃一枪，回马便走"。（《衡阳失守后国民党将如何？》）

辽沈战役敌军大败，毛这样为新华社写消息：

> 从十五日至二十五日十一天内，蒋介石三至沈阳，救锦州，救长春，救廖兵团，并且决定了所谓"总退却"，自己住在北平，每天睁起眼睛向东北看着。他看着失锦州，他看着失长春，现在他又看着廖兵团覆灭。总之一条规则，蒋介石到什么地方，就是他的可耻事业的灭亡。（《东北解放军正举行全线进攻》）

他讽刺党八股像"懒婆娘的裹脚，又长又臭"，是"只有死板板的几条筋，像瘪三一样，瘦得难看，不像一个健康的人"。真是个漫画高手。

我们再看他的幽默。毛一生担军国之重任，不知经历了多少危机关头、艰难局面，但在他的笔下常常是付之一笑，用太极推手轻松化开，这不容易。长征是人类史上少有的苦难历程，毛却乐观地说："长征是宣言书，长征是宣传队，长征是播种机。自从盘古开天地，三皇五帝到于今，历史上曾经有过我们这样的长征吗?"在延安文艺座谈会上，讲到文化的重要时他说：我们有两支军队，一支是朱（德）总司令的，一支是鲁（迅）总司令的（正式发表时改为"拿枪的军队"和"文化的军队"）。他在对斯诺讲到自己的童年时风趣地说："我家分成两'党'。一个就是我的父亲，是'执政党'。'反对党'由我、我母亲和弟弟组成。"斯诺听得哈哈大笑。

关于社会主义经济这样大的理论问题，他说：

> 搞社会主义不能使羊肉不好吃，也不能使南京板鸭、云南火腿不好吃，不能使物质的花样少了，布匹少了，羊肉不一定照马克思主义做，在社会主义社会里，羊肉、鸭子应该更好吃，更进步，这才体现出社会主义比资本主义进步，否则我们在羊肉面前就没有威信了。社会主义一定要比资本主义还要好，还要进步。（1956 年在知识分子会议上的讲话）

1939 年 7 月 9 日，他对即将上前线的陕北公学（即后来的华北联合大学）师生讲话，以《封神演义》故事作比：

> 姜子牙下昆仑山，元始天尊赠了他杏黄旗、四不像、打神鞭三样法宝。现在你们出发上前线，我也赠给你们三样法宝，这就是：统一战线、武装斗争、党的建设。

这是比兴手法，只借"三样法宝"的字面同一性。1957 年他在对我留苏学生讲话时说："现在的世界形势是东风压倒西风"。这也是借《红楼梦》里林黛玉的话，与原意无关，只借"东风"、"西风"这个字意。文章有意荡开去，显得开阔、轻松，好似从远处往眼前要说的这个问题上搭了一座引桥。鲁迅先生也曾有这样的用法：

> 还有一种特别的丸药：败鼓皮丸。这“败鼓皮丸”就是用打破的旧鼓皮做成；水肿一名鼓胀，一用打破的鼓皮自然就可以克伏他。清朝的刚毅因为憎恨“洋鬼子”，预备打他们，练了些兵称作“虎神营”，取虎能食羊，神能伏鬼的意思，也就是这道理。(《父亲的病》)

毛是很推崇鲁迅的，他深得其笔法。

尖锐的讽刺，见棱见角，说明他眼光不凡，总是能看到要害；轻松幽默的谈吐，不慌不忙，说明他的肚量和睿智，肚子里有货。中共早期的领袖有此才，二战时的国际领袖也有此才，如邱吉尔就以幽默闻名。战后英国国会通过提案，拟塑一尊邱吉尔的铜像，置于公园。邱吉尔回绝道：“多谢大家的好意，我怕鸟儿会在我的头上拉屎，还是请免。”新中国成立后全国人大拟决议给毛泽东授大元帅衔，毛说：“我穿上你那个元帅服怎么下基层，免了吧。”毛之后中国的掌舵人邓小平也是幽默的。1978 年 10 月邓访问日本，这是一次打破僵局、恢复邦交、学习先进的破冰之旅，任务很重。邓说，我来目的有三，一是互换条约，二是看看老朋友，三是像徐福一样，来寻“仙草”的。日本人听得笑了起来。他们给邓最好的接待，给他看最先进的技术和管理。苦难出人才，时势造英雄，这是一种多么拿得起、放得下的潇洒。我们常说，领袖也是人，但领袖必须是一个有个性、有魅力的真实的人，照葫芦画瓢是当不了领袖的。

通俗与典雅

毛文的第四个特点是通俗与典雅完美地结合。记的我第一次接触毛的文章，是在中学的历史课堂上，没耐心听课，就去翻书上的插图，看到《新民主主义论》的影印件，如蚂蚁那么小的字，一下就被它的开头几句所吸引："抗战以来，全国人民有一种欣欣向荣的气象，大家以为有了出路，愁眉锁眼的姿态为之一扫。但是近来的妥协空气，反共声浪，忽又甚嚣尘上，又把全国人民打入闷葫芦里了。"我不觉眼前一亮，一种莫名的兴奋，这是一种从未见过的文字，说不清是雅，是俗，只觉得新鲜，很美。放学后就回家找来大人的《毛泽东选集》读。我就是这样沿着山花烂漫的曲径小路，一步一步直到政治大山的深处。

毛泽东是乡间成长起来的知识分子，又是战火中锻炼出来的领袖。在学生时期他就受过严格的古文训练，后来在长期的斗争生涯中，一方面和工农兵厮磨在一起，学习他们的语言；一方面又手不释卷，和各种书，如文学书籍，小说、诗词、曲赋、笔记缠裹在一起，须臾不离。他写诗、写词、写赋、作对、写新闻稿和各种报告、电稿。如果抛开他的军事、政治活动不说，他完全够得上一个文人，就像中共的早期领袖李大钊、陈独秀、瞿秋白一样。毛与他们的不同是又多了与工农更密切的接触。所以毛的文章典雅与通俗共存，朴实与浪漫互见。时常有乡间农民的口语，又能见到唐诗、宋词里的句子。忽如老者炕头说古，娓娓道来；又如诗人江边行吟，感天撼地。

我们先看一段他早期的文字，这是他 1916 年在游学的路上写给友人的信：

> 今朝九钟抵岸，行七十里，宿银田市。……一路景色，弥望青碧，池水清涟，田苗秀蔚，日隐烟斜之际，清露下洒，暖气上蒸，岚采舒发，云霞掩映，极目遐迩，有如画图。今夕书此，明日发邮……欲以取一笑为快，少慰关垂也。(《致萧子升信》)

这封手书与王维的《山中与裴秀才迪书》、徐霞客的《三峡》相比如何？其文字清秀不分伯仲。我们再看他在抗日时期的《祭黄帝陵》：

赫赫始祖，吾华肇造；胄衍祀绵，岳峨河浩。聪明睿智，光被遐荒；建此伟业，雄立东方。世变沧桑，中更蹉跌；越数千年，强邻蔑德。琉台不守，三韩为墟；辽海燕冀，汉奸何多。以地事敌，敌欲岂足；人执笞绳，我为奴辱。懿维我祖，命世之英；涿鹿奋战，区宇以宁。岂其苗裔，不武如斯；泱泱大国，让其沦胥。东等不才，剑屦俱奋；万里崎岖，为国效命。频年苦斗，备历险夷；匈奴未灭，何以家为？各党各界，团结坚固；不论军民，不分贫富。民族阵线，救国良方；四万万众，坚决抵抗。民主共和，改革内政；亿兆一心，战则必胜。还我河山，卫我国权；此物此志，永矢勿谖。经武整军，昭告列祖；实鉴临之，皇天后土。尚飨！

从此文我们可以看出他深厚的古文根底。毛在延安接受斯诺采访时说，他学习韩愈文章是下过苦功的，如果需要他还可以写出一手好古文。我们看他早期的文字何等的典雅。但是为了斗争的需要、时代的需要，他放弃了自己熟悉的文体，学会了使用最通俗的文字。他说讲话要让人懂，反对使用“霓裳”之类的生僻词。请看这一段：

我们都是来自五湖四海，为了一个共同的革命目标，走到一起来了。我们还要和全国大多数人民走这一条路。我们今天已经领导着有九千一百万人口的根据地，但是还不够，还要更大些，才能取得全民族的解放。(《为人民服务》)

再看这一段：

此间首长们指示地方各界切勿惊慌，只要大家事前有充分准备，就有办法避开其破坏，诱敌深入，聚而歼之。今春敌扰河间，因我方事前毫无准备，受到部分损失，敌部亦被其逃去。此次务须全体动员对敌，不使敢于冒险的敌人有一兵一卒跑回其老巢。（新华社消息《华北各首长号召保石沿线人民准备迎击蒋傅军进扰》）

你看“走到一起”、“还不够”、“切勿惊慌”、“就有办法”等等，这完全是老百姓的语言，是一种面对面的告诫、谈心。虽是大会讲话、新闻电稿却通俗到明白如话。但是典雅并没有丢掉，他也有许多文字端庄、严谨，气贯长虹的文章，如：

夺取全国胜利，这只是万里长征走完了第一步。如果这一步也值得骄傲，那是比较渺小的，更值得骄傲的还在后头。在过了几十年之后来看中国人民民主革命的胜利，就会使人们感觉那好像只是一出长剧的一个短小的序幕。剧是必须从序幕开始的，但序幕还不是高潮。中国的革命是伟大的，但革命以后的路程更长，工作更伟大，更艰苦。这一点现在就必须向党内讲明白，务必使同志们继续地保持谦虚、谨慎、不骄、不躁的作风，务必使同志们继续地保持艰苦奋斗的作风。我们有批评和自我批评这个马克思列宁主义的武器。我们能够去掉不良作风，保持优良作风。我们能够学会我们原来不懂的东西。我们不但善于破坏一个旧世界，我们还将善于建设一个新世界。中国人民不但可以不要向帝国主义者讨乞也能活下去，而且还将活得比帝国主义国家要好些。（《在中国共产党第七届中央委员会第二次全体会议上的报告》）

而更多的时候却是“既上得厅堂，又下得厨房”，亦庄亦谐，轻松自如。如：

> 若说：何以对付敌人的庞大机构呢？那就有孙行者对付铁扇公主为例。铁扇公主虽然是一个厉害的妖精，孙行者却化为一个小虫钻进铁扇公主的心脏里去把她战败了。柳宗元曾经描写过的“黔驴之技”，也是一个很好的教训。一个庞然大物的驴子跑进贵州去了，贵州的小老虎见了很有些害怕。但到后来，大驴子还是被小老虎吃掉了。我们八路军新四军是孙行者和小老虎，是很有办法对付这个日本妖精或日本驴子的。目前我们须得变一变，把我们的身体变得小些，但是变得更加扎实些，我们就会变成无敌的了。(《一个极其重要的政策》)

“文章五诀”形、事、情、理、典，毛文是最好的典范。不管是论文、讲话、电稿等何种文体，他都能随手抓来一个形象，借典说理或借事言情，深入浅出。毛文开创了政论文从未有的生动局面，工人农民看了不觉为深，专家教授读了不觉为浅。他之前这样的人物不多，他之后这样的领袖也还没有出现。

毛泽东是有大志的人，他永远有追求不完的目标。其中一个目标就是放下身段，当一个行吟的诗人，当一个作家。他多次说过要学徐霞客，要顺着长江、黄河把祖国大地丈量一遍。他又是一个好斗争的人，他有一句名言：“与天奋斗，其乐无穷！与地奋斗，其乐无穷！与人奋斗，其乐无穷！”其实除了天、地、人，他的革命生涯中还有一个斗争对象，就是：文风。他对群众语言、古典语言是那样地热爱，对教条主义的语言、官僚主义的语言是那样地憎恨。延安“整风运动”中，他把文风与学风、党风并提，讨伐“党八股”，给它列了八大罪状，说它是对五四运动的反动，是不良党风的最后一个“防空洞”。新中国成立之初《人民日报》发表长篇社论，号召正确使用祖国语言，他在改稿时特别加了一句：“我们的同志中，我们的党政军组织和人民团体的工作人员中，我们的文学家教育家和新闻记者中，有许多是精通语法、会写文章、会写报告的。这些人既然能够做到这一步，为什么我们大家不能做到呢？当然是能够的。”（《人民日报》1951 年 6 月 6 日）后来我们渐渐机关化了，文件假、大、空的语言多了，毛对此极为反感，甚至是愤怒，他严厉要求领导干部亲自写文章，不要秘书代劳，他批评那些空洞的官样文字：“讲了一万次了，依然纹风不动，灵台如花岗之岩，笔下若玄冰之冻。哪一年稍稍松动一点，使读者感觉有些春意，因而免于早上天堂，略为延长一年两年寿命呢？”（1958 年 9 月 2 日的一封信）他是一辈子都在和“党八股”的坏文风作斗争的。可惜他没有看到现在文风之江河日下，“假大空”之登峰造极，否则他会拍案大骂，或者会被活活气死的。

功过与才艺

毛泽东是一个伟大的人物，又是一个有错、有过的人物。这在官方已有党中央的《关于建国以来党的若干历史问题的决议》。从文章方面说，毛也是成也文章，败也文章。他以大气魄写过许多好文章，但也写了气势不小的《炮打司令部》，发动了“文革”。他相信文章能指挥全党，调动天下。1959 年，庐山会议时，“人民公社”、“大跃进”的败象已露，他仍大声宣布要亲自写一篇一万字的《人民公社万岁》。他辛辣幽默，痛斥反动与落后，但后来却以自己的错误来讽刺别的同志的正确，如挖苦反冒进的周恩来写不出“跃进”文章，说不愿加快合作化的邓子恢是“小脚女人”；他善用典故，却在庐山会议上借枚乘的《七发》来嘲笑反对“大跃进”的张闻天是发疟疾病，等等。这些都白纸黑字地给后人留下了话柄。历史很有意思，总是把一个大人物推到最高的位置，让他最大限度地发挥他的才智，建功立业，却又给他权力，让他有条件去犯错误。

毛的功过自有评说，我们这里要说的是勿让功过掩盖了他的才艺，勿因情感好恶忽略了他的文章。比如他的书法，大多数人都能认同。因为书法更偏重于形式艺术，离内容较远。其实文章写作也是一门艺术，也有许多形式方面的规律和技巧。毛泽东是职业政治家，但是死后的毛泽东并不全靠政治吃饭。“文章千古事，纱帽一时新。君看青史上，官身有几人?”不像我们现在的许多干部，退休后一没有会开，就坐卧不宁，无所适从。其实这也不是个新问题，就是古代的皇帝、宰相（他们也是职业政治家）也分两种，有的人亡政息，有的死后还活在他的业余生活中或者艺术王国里。这与他们的政绩没有多大关系。如魏武帝的诗、李后主的词、宋徽宗的画，还有范仲淹的《岳阳楼记》。艺术就是艺术。当年骆宾王曾起草了《为李敬业讨武曌檄》，武则天看后鼻子都气歪了，但还是忍不住夸奖是好文章。文章的最后一句“请看今日之域中，竟是谁家之天下”名传后世，抗战时毛泽东还将它作了社论的标题。骆、武之争，人们早已忘记，而这篇文章却成了檄文的样板。可见文章是一门独立的学问。

细读毛泽东的文章，特别是他的独特的语言风格，足可自立为一门一派，只可惜常被政治所掩盖。今年是毛泽东诞辰 120 年，红尘过后，斯人远去，还有必要静下心来研究一下他的文章。这至少有两个用处。一是专门搞写作的人可从中汲取一点营养，特别是注意补充一点文章外的功夫，好直起文章的腰杆；二是身在高位的人向他学一点写作，这也是工作的一部分，能增加领导的魅力。打天下靠笔杆子，治天下更要靠笔杆子。

[2013 年 1 月 21 日写毕，2 月 10 日（正月初一）改定，

《人民日报》2013 年 2 月 28 日整版刊发]

文章大家毛泽东

梁　衡

今年是毛泽东同志诞辰120周年。他离开这个世界将近37年，对他的功过已有评说，但对作为文章家的他还研究不够，这笔财富有待挖掘。毛泽东说，革命夺权靠枪杆子和笔杆子，但他自己却从没拿过枪杆子，笔杆子倒是须臾不离手，毛笔、钢笔、铅笔，笔走龙蛇惊风雨，白纸黑字写春秋。那种风格、那种语言、那种气派，是浸到骨子里，溢于字表、穿透纸背的，只有他才会有。中国是个文章的国度，青史不绝，佳作迭出。向来说文章有汉司马、唐韩柳、宋东坡、清康梁，群峰逶迤，比肩竞秀。毛泽东算一个，是历史群山中一座巍峨的高峰。

思想与气势

毛文的特点首在磅礴凌厉的气势。

陆游说："汝果欲学诗，功夫在诗外"。文章之势，是文章之外的功夫，是作者的胸中之气、行事之势。势是不能强造假为的，得有大思想、真见识。古今文章家大致可分为两种，一是纯文人，一是政治家。纯文人之文情胜于理，政治家之文理胜于情。理者，思想也。写文章，说到底是在拼思想。只有政治家才……

1938年，毛泽东在延安窑洞内撰写《论持久战》。

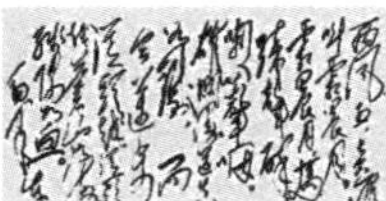

《忆秦娥·娄山关》手迹

1954年9月15日，毛泽东在一届全国人大一次会议开幕会上。

电子信箱：lilunbu@people.cn

《人民日报》2013年2月28日整版刊发《文章大家毛泽东》

邓小平认错

一个时代的转型和国家的进步，是以其领袖的思想转变为标志的。当我们欢呼中国改革开放 30 年的成就时，不能不追溯到 30 年前的一个思想细节。

1978 年 10 月邓小平访问新加坡。而这之前中国在极左时期一直称新为“美帝国主义的走狗”。当邓小平吃惊地看到新加坡的成就时，他承认对方实行的对外开放、引进外资的方针是对的。当谈到中国的对外方针时，李光耀说，中国必须停止革命输出。邓小平停顿片刻后突然问：“你要我怎么做?”这倒让李光耀吃了一惊。他就大胆地说：“停止帮马共和印尼共在华南设电台广播，停止对游击队的支持。”李光耀后来回忆：“我从未见过一位共产党领袖，在现实面前会愿意放弃一己之见，甚至还问我要他怎么做。尽管邓小平当时已 74 岁，但当他面对不愉快的现实时，他还是随时准备改变自己的想法。”

这次新加坡之行，邓小平以他惊人的谦虚代表中国共产党和政府承认并改正了两个错误。一是改变保守自闭，对外开放，引进外资；二是接受建议，不再搞革命输出，大大改善了中国的对外关系。这是多么难能可贵的自我批评精神啊。

人孰能无错？但并不是人人都能事后认错。普通人认错难，有光环笼罩和鲜花托举的伟人、名人认错就更难。但也正是这一点考验出一个人的品格与能力。纵观历史，名人喜功、贪功的多，自责、担责的少。像邓小平这样，大功不自喜，大德不掩错，是真伟人。平时，我们看一个人的成功，总是说他发现了什么，创造了什么。其实同样重要的另一面是他承认了什么，改正了什么。当一个人承认并改正了前一个错误时，就为他的下一个创造准备了条件，铺平了道路。而当一个伟人这样做时，他就为国家民族的复兴铺平了道路。延安时期搞“抢救运动”，伤害了革命同志，毛泽东亲自到会道歉，脱帽鞠躬。1958 年犯了“大跃进”错误，第二年在庐山会议上毛泽东认错说：“去年犯了错误，每个人都有责任，首先是我。”当然，这次认错不彻底也为以后的“文革”种下祸根。“文革”之后，邓小平主政，总结历史教训，他没有委错于人，而是代毛泽东认错，说：“讲错误，不应该只讲毛泽东同志。……‘大跃进’，毛泽东同志头脑发热，我们不发热？……在这些问题上要公正……中央犯错误，不是一个人负责，是集体负责。”（《对起草〈关于建国以来党的若干历史问题的决议〉的意见》）后来他又多次讲，不争论，团结一致向前看。是这种谦虚的实事求是的科学态度，保证了大转折时期的平稳过渡。一个领袖的英明，包括他的智慧、魄力，也包括他的谦虚、诚实。一个民族的幸福不只是有领袖带领他们取得了什么成就，更是带领他们绕开了什么灾难。领袖一念，国家十年，伟人多一点谦虚，国家就少一次失误，多一次复兴的机会。

认错是痛苦的，一个伟人面向全体人民和全世界认错，更要经受巨大的心灵痛苦。党犯了错误，总得有人出来担其责，重启新航；一个时代的失误，总得有人来画个句号，另开新篇。这不是喜气洋洋的剪彩，是痛定思痛，发愤图强的誓言。只有那些敢于担起世纪责任的人，才会有超时代的思考；只有那些出以公心为民造福的人，才能不图虚名，面对现实，实事求是。当我们今天沉浸在改革开放的喜悦中时，请不要忘记当年一代伟人痛苦的思考和艰难的抉择。

（《党建》2008 年第 10 期）

邓小平题词：实事求是

谁敢极言，谁能极言

我们平常讲到一个问题的重要，或者为引起重视，就说“极言之……”如何，如何。可见人们的思维习惯是要听要害之点，不愿听不痛不痒的套话。

我们现在纪念改革开放 30 周年，不能忘记小平同志在 1980 年 1 月的一段著名讲话：“近三十年来，经过几次波折，始终没有把我们的工作着重点转到社会主义建设这方面来……现在要横下心来，除了爆发大规模战争外，就要始终如一地，贯彻始终地搞这件事……不受任何干扰……扭着不放，‘顽固’一点，毫不动摇。”（《目前的形势和任务》）当时为强调不受干扰，他还说了一句话：“我要买两吨棉花，把耳朵塞起来。”你看，“横下心”、“不受任何干扰”、“始终如一”、“顽固一点”、“买两吨棉花”，何等坚决，这就是“极言”，抓住问题的要点，以极其鲜明的态度，表达自己的意见。我们回首 30 年的大发展、大成功，不能不佩服邓小平这段话的精辟。什么叫振聋发聩，什么叫挽狂澜于既倒，什么叫力排众议，此言之谓也。

就像名医号脉、扎针，政治家、思想家之评事论政也是号脉扎针，不过取的是思想之穴，号的是时代之脉。回顾 28 年前邓小平这段话，又使我们想起马克思也有一句“极言之”的话，讲得更彻底：“无论哪一个社会形态，在它们所能容纳的全部生产力发挥出来以前，是决不会灭亡的；而新的更高的生产关系，在它存在的物质条件在旧社会的胎胞里成熟以前，是决不会出现的。”（《政治经济学批判》）“无论”、“决不”，其口气之坚决，不容半点商榷。实践是检验真理的唯一标准，小平那段话，经 30 年的检验足见其真，而马克思的这一段话已过去 100 多年，我们是在栽了几个跟斗，吃了许多亏后才深刻理解的。

能极言，敢极言，除了深刻的洞察力，还要有坚持己见的勇气，自信自己是站在真理一边的。彭德怀在庐山遭批判后六年不认输，1965 年毛泽东给他分配工作时说：“也许真理在你一边。”近读到一则史料。当年袁世凯要复辟称帝，大造舆论。梁启超毅然站出来写文章反对，其中有一段可谓极言，掷地有声：“由此行之，就令全国四万万人中，三万万九千九百九十九万九千九百九十九人赞成，而梁某一人断不能赞成也。”当年马寅初因为提倡节制生育受到批判，他也是这种勇敢：“我虽年近八十，明知寡不敌众，自当单身匹马，出来应战，直至战死为止。决不向专以力压服，不以理说服的那种批判者们投降。”（《重申我的请求》）

极言，是指极准确、极深刻、极彻底，决不是我们平时说的意气用事，故走极端。逞一时之快决不算什么英雄。敢极言之人恰恰是深思熟虑，敢当大事、能为大事之人。当年，中英香港遗留问题是个难题。1982 年 9 月英国首相撒切尔夫人来华想再拖延交还香港。外交谈判一般讲究方式、方法，甚至用语还要圆滑一点。但邓小平却以一席直白的铁板钉钉、力不可撼的极言，敲定了香港回归的大局。他说：“主权问题不是一个可以讨论的问题。”“如果中国在一九九七年，也就是中华人民共和国成立四十八年后还不把香港收回，任何一个中国领导人和政府都不能向中国人民交代……如果不收回，就意味着中国政府是晚清政府，中国领导人是李鸿章!”(《我们对香港问题的基本立场》)就是这段态度极为明确的表态，让号称“铁娘子”的首相夫人一时头晕，走出大会堂时竟失态跌了一跤。当时我方一部长失言，说香港回归后可不驻军，邓说，无知，立即将其撤职。极言的后面必有极坚决之立场和行动为证，当年梁启超讲了那段极言之后就与他的学生蔡锷联络，策划起兵反袁了。

“极”是什么？是极点，是思想的最深处，问题的最关键点。观察事物要能找到那个点，写文章要能说出那个点。福楼拜说：“你要描写一个动作，就要找到那个唯一的动词；你要描写一种形状，就要找到那个唯一的形容词。”中国古代叫“推敲”。这是在语言层面求准确，而进一步求思想层面的准确，就是要找到那个问题的唯一的关节点，也就是极点、拐点。这样的文章才有个性，才有深度，才是一把开启人思想的钥匙，是一座照路的灯塔。

古今文章无不在追求两个极点。一是形式美的极点：字、词、音韵、格律、结构，如“落霞与孤鹜齐飞”之类；二是思想的极点，一言成名彪炳千古。我们还可举出一些著名的例子。如毛泽东在1930年革命低潮时讲：“中国革命高潮快要到来，决不是如有些人所谓‘有到来之可能’那样完全没有行动意义的、可望而不可即的一种空的东西。……它是立于高山之巅远看东方已见光芒四射喷薄欲出的一轮朝日，它是躁动于母腹中的快要成熟了的一个婴儿。”(《星星之火，可以燎原》)还有林则徐那道关于禁烟的著名奏折：“鸦片不禁，几十年后将无可以御敌之兵，无可以充饷之银。”并且表态：“若鸦片一日不禁，本大臣一日不回，誓与此事相始终。”还有当年左宗棠在湖南初露头角，遭人构陷，险掉脑袋。大臣潘祖荫等上书也有一句极言：“天下不可一日无湖南，湖南不可一日无左宗棠。”救了一个历史功臣。凡在历史上站得住的极言都成了思想的里程碑。可惜我们现在报章上的套话太多，有思想光芒的极言难得一见。这是学风、文风不振的表现，极言之，将是民族思想的萎缩，令人担忧。

我劝天公重抖擞，不拘一格降文章。

（人民日报社《大地》杂志2008年第9期）

邓小平的坚持

被称为“新时期”的中国改革开放30年，无疑将作为共和国的“中兴”史载入史册。相信以后许多史家会来研究这一特殊历史现象。其中原因诸多，“文化大革命”教训，时势使然；人民意志，时代潮流；时势造英雄，小平来掌舵；等等。这所有一切，当然都是多难之后兴邦的因素。但像一切领袖的成功一样，邓小平的性格、意志因素不容忽视，这就是他坚定果断，敢于坚持己见。

改革就是一场革命。既要能提出新的思想、新的方针，还要能力排众议，坚持这个新思想、新方针。二者缺一不可。历史上提出方案，未能坚持，虎头蛇尾而流产的改革实在不少。小平是中国改革的总设计师，其高瞻远瞩的战略设计思路已为人所熟知，而在战术实施中的坚定不移，则还不大为人注意。近读史料，发现其例甚多。

1977年8月，小平主持教育工作座谈会。大家主张恢复高考，但又觉得今年来不及，希望从明年开始，而且教育部的原招生方案报告也已送出。小平说，就从今年改！打破常规，冬季招生。让教育部追回发出的报告，他亲自修改。这一步棋改写了中国“文化大革命”十年的教育史。人才兴，国运兴。

“百科全书”，向来被称为“没有围墙的大学”，是提高民族素质和国家文化建设的基本工程。法国新兴资产阶级最早就是通过编译百科全书（史称百科全书派）进行思想启蒙、普及新知识而导致了 1789 年的法国资产阶级大革命，资产阶级登上历史舞台。以后《百科全书》随时增改，渐成一部世界性的知识总汇。十一届三中全会后，小平指示翻译出版美国《不列颠百科全书》（1768 年英国初版，20 世纪初转让给美国，1974 年出到第 15 版）。消息传出，社会上议论纷纷：我们怎么能出版美帝国主义的书？小平不为所动，他接见美方人员说：“全世界都知道《不列颠百科全书》在学术领域内具有权威性的地位。我们中国的科学工作者把你们的百科全书翻译过来，从中得到教益，这是很好的一件事情。”在小平的坚持下，中美双方组成联合编审委员会，历时十年，全书终于出版。

香港回归是一件大事，政策性强，处理起来较复杂。1983 年 5 月香港记者故意设套，问回归后我方可否不驻军。我一高级官员，含糊答道：也可不驻。港报纷纷登于头条。小平大怒，在一次招待香港记者的会上，本已散场，小平说：请你们回来，给我发一条消息。说可以不在香港驻军，胡说八道！英国人能驻，我们自己怎么反而不能驻？他给外交部批示：在港驻军一条必须坚持，不能让步！

1992 年，小平视察南方，下面汇报时说：“我们一定贯彻您的指示。”他说：“我的话可能有点用，但我的作用就是不动摇。”

敢坚持，不动摇是领袖的基本素质。领袖一身而系天下，稍有犹豫就地动山摇。轻者是一件事的失败，大者影响民族命运，历史方向。我们常说时势造英雄，而特殊时刻竟是英雄一念铸就历史。朱可夫在回忆苏联艰难的卫国战争时说：许多时候我们实在顶不住了，但就是由于斯大林坚强的意志让我们转败为胜。坚持真理是政客与政治家的根本区别。政客是从私利出发，看着风向走。政治家是从国家民族利益出发，向着理想前进，他认准的事，就是再难，再险，杀头牺牲也不改变。毛泽东敢于坚持的典型例子是在井冈山革命低潮时，他敢说革命高潮就如一轮喷薄欲出的红日，这信念一直坚持到20多年后新中国成立。邓小平坚持最久的例子是1962年就提出，让农民自己选择生产关系，不管白猫黑猫抓住老鼠就是好猫。一直坚持到16年后，1978年中国开始全面的农村土地制度改革。坚持是意志力的表现，但意志力的背后是思想的穿透力。

两个摔跤手的坚持是谁压倒谁，两军对阵的坚持是谁吃掉谁，而一个领袖对正确方针的坚持则是一个民族的崛起，一个新时代的到来。

（《党建》2009年第4期）

盘点文风，假大媚空

会议之风

这些干部怎么不会说话

在一次干部座谈会上，主持人一再提醒与会者讲实例，讲自己的理解和认识，但一天下来仍是千篇一律，个个如念文章、读文件。结果弄得听者呆坐，记者叫苦。现在某些干部学历挺高，文化不低，却为何“不会说话”了呢?

细细观察有三种“不会说话”：一是离了稿子不会说。某些干部张口就是拿稿来。讲话必要稿子，甚至主持会议的几句开场白、结束语，包括感谢、鼓掌之类的话也要打印工整。真不知道这样发展下去，请客宴宾是不是也要备下“请饭词”，与菜单同步置于桌面，每菜一句，直到“再见，慢走”。讲话不是不能用稿，重要的场合不仅必须用稿，而且还要反复讨论几易其稿。但如果没有稿子就不能讲话，这已不是说话的能力问题，而是为政者的为政资格问题。

二是交流性的话不会说。常见一些讲话者，一念到底，听者反应如何、会场效果如何全然不管，讲完了就完了。讲话是一种交流，在会场上讲话虽不能如朋友聊天那样一来一往，但总要看看听者的眼神专注不专注，会场气氛集中不集中。现在科学已发展到人机对话、人机交流，连电脑都能感知人的情绪，根据人的要求应变，而我们一些干部反倒成了落伍的机器，许多会开得不生动，讲话不引人，就是因为讲者缺乏这种随机应变的本事，而这本是一个常人最普通的本能。成语“对牛弹琴”，就是说不看对象，不求效果。人家来开会，听你讲，是带着问题来，想解决问题。对这些不管不顾，只能说明讲话人或是官僚主义应付差事，或是不具备分析问题的能力和应变的智慧。如果考察干部，只看这一条，就能看出他的工作态度及智商的高低。

三是举例说明不会说。这说明他没有干多少实事。人总是在用思想指导行动，干部指导工作除了有思想，还要有典型，这叫有虚有实。但许多干部在讲话时却只虚不实，你让他举例说明，他做不到，即使做了，也例不证理，驴唇不对马嘴。平时本来就少调查研究，心中没有典型，没有自己的切身体验和悟出的道理，从来没有完成过一个实践—理论—实践的全过程。中央文件传到省，省到县，县到乡，等到向上汇报时，嘴上说的还是文件上的话。一个不会用自己亲历亲为的事例来说明问题的人，在思维上必然没有从感性到理性的转换功能，在工作上也绝对不会有什么新创造。

如果离开稿子不会说，回答问题不会说，举个例子不会说，还会说什么话呢？就剩下官话、套话、虚话、假话，工作也成了演戏、念台词、走过场了。这种干部要之何用！

（《人民日报》2002 年 4 月 1 日）

官员答记者问的14个“不要”

因为长期从事新闻工作，经常采访官员和参加各种官员举办的记者招待会，总觉得我们官员答记者问的水平还待大大提高。这首先是一个认识问题、态度问题，然后才是技巧问题。答记者问是现代政治的一种运作手段，是政治文明的一部分，是主动提供信息、沟通意愿、争取民心、获得支持和改进工作的重要途径。切不可有应付、对抗的心理。以低标准来要求，起码须做到14个“不要”：

1. 不要做报告。答记者问是有问才答，不问不答。虽有时也可借题发挥，但不可太多。常见的毛病是不管人家问什么，只管念自己事先准备好的稿子，做了一个小报告。甚至是故意占住时间，怕人多问。

2. 不要抖家底。一些地方官，不管回答什么，总要不厌其烦地将自己所辖地的土地、人口、物产、产值，甚至山川、历史、气候，全都抖落一遍。这些并不能见报，也无人关心。

3. 不要居高临下。答记者问就是答客问。对客人要尊重、客气。和气生财，谦虚生威。

4. 不要环顾左右而言他。这样不礼貌，人家觉得你心不诚。

相反，答问时你最好始终看着对方的眼睛，人和人的交流主要靠语言，而无言的交流主要靠眼睛。语言加眼睛，诚恳而生动。

5. 不要以不变应万变。不要用外交辞令，这样给人“滑”的感觉，自以为得计，其实有损形象，吃大亏。

6. 不要有对抗心理。所提问题有时可能尖锐，但不必介意，不要立即摆出一副防范、抵抗状，这样问答将无法进行。

7. 不要念稿子。凡问答都是即时的，试想，你与亲人、朋友谈话，或者你年轻时谈恋爱是否也先有一份稿子？有稿，就有其心不诚，其人无能之嫌。

8. 不要上专业课。答记者问就是通过媒体普及你的思想、你的观点。你讲得又专又深就等于白说。钱学森要求大学毕业生交两篇论文，一篇专业论文，一篇科普文章。真懂是能深入浅出。官员也要有两种本事：一是起草文件、写工作报告；二是动员群众，包括回答记者。

9. 不要假装幽默。幽默是宽余的表现，是达到目标的同时还有一点花絮，如篮球的空中扣篮，足球的倒钩射门。没有真本事，不要幽默。许多官员以为答问时，幽默就能得分，结果，身子能倒钩，球却进不去，弄巧成拙。

10. 不要借机捧上级。大型记者招待会，有时是各级官员出场，由最高官员主持。常有低级官员借答记者问，捧上级，让人肉麻。虽面向记者，却心系领导。这是封建政治、奴性人格的表现。无论民主政治还是现代传媒都无此内容。

11. 讲话的前奏不要太长。答问，是借问作答浑然一体，如太极拳之借力发力，四两拨千斤，一开口即要接上记者的问话，不要自加前奏，自泄其气，反招人烦。

12. 讲话不要超过 5 分钟。长则有水分，长则惹人嫌。

13. 不要讲空话、套话。你要明白这些话统统不会见报，所有的记者都是挑最有个性的材料和语言来写稿。

14. 不要向记者发脾气，更不可动粗，弄不好身败名裂。就算已看出是对方设的圈套，也要机智地、有风度地绕过去。

这 14 个“不要”都是我在记者招待会上屡屡看到，现仍在发生着的。特整理奉上，以资官资政。

（《人民日报》2010 年 3 月 24 日）

关于改进两会会风的两点建议

年年岁岁花相似，岁岁年年人不同。阳春三月，中南海红墙外的白玉兰又将绽放，每年一次的两会也将要召开。今年两会正赶上换届，又是在十八大之后中央公布“八项规定”、狠抓改进作风之际。如何改进会风，上下关注。

一、发言时请不要表扬领导

往年开会有这样的现象，一些来自基层的代表发言时总要借机表扬一下领导，且这种表扬，已成定式。如果是最基层的人发言，则不忘把上面的各级领导都一一表扬到。说他们如何辛苦，为基层办了多少好事等等。如有中央领导在场，就会说，自从您去视察后形势如何大好，您走后我们坚决贯彻您的指示云云。还有的，不忘在更高一级领导面前表扬自己的顶头上司。如省委领导在场，一定会说我们县委、市委领导如何好，给人的感觉是在替领导拉票、说情、捧场。更尴尬的是，被表扬的领导往往在场，有的坦然受之，不觉脸红，有的虽觉不妥，面对表扬，也未能当场制止。

人民代表是从各地选出来、代表人民反映基层呼声、审议国家大事的。在会上的发言不外两个内容。一是基层的情况和要求，二是对会议提交文件的审议意见。代表团的编组以省、市为单位，既有基层的工人、农民、教师、个体户，又有县、市、省，直至中央的领导。大家同处一团，平起平坐，共商国是，气氛应该是平等、诚恳的。

开会并非不能表扬，做得好就肯定，也是一种实事求是。但两会是国家最重要的政治活动，是议大事，商国是，若有褒奖也是对事不对人。在这个场合借机表扬上级，极不严肃，是一种不良会风。对下级来说是阿谀、讨好，另有所求；对上级来说是甘受恭维，是一种精神受贿。从这个细节反映出无论说者、听者都没有真正把自己当成一个人民代表，还是有民与官、上下级的区别，人代会成了干部会。况且，就算是在干部会上，大家坐在一起也是竭诚议事，检讨工作，没有必要来什么讨好。细究，还是民主意识不强的表现，庸俗、媚俗流行，民主、平等不够。

习近平同志指出："改进文风会风，要努力活跃党内生活，扩大党内民主，大力倡导独立思考的风气，创造鼓励讲真话、提倡讲新话的宽松环境。"我们党的历史上曾有过非常好的作风：批评与自我批评，民主与集中，同志式的平等，坚持原则，坦诚共事，知无不言等等。可惜这种好传统却在一些人身上慢慢地消解，封建依附、媚权媚俗、吹吹捧捧的作风悄然抬头。俗风既久，已习以为常。如毛泽东所说，像京剧《法门寺》里的贾桂，站惯了不敢坐，当了代表还是直不起腰。而在领导这一方，则是放不下架子，丢不得面子。但这种事关键还是在领导。在进城前的七届二中全会上毛泽东就提醒，因为胜利人民会感谢我们，要坚持"两个务必"；1959年庐山会议上张闻天又指出："不要怕没有人歌功颂德"。昨日警钟，声犹在耳。

十八大后中央大力整顿会风、文风，有决议，有实际行动，带头垂范。中央政治局通过的"八项规定"，第一项就是改进调查研究，深入基层，向群众学习。十八大刚过，在中纪委召开的一次座谈会上，有与会者发言，一开口又是“尊敬的××领导”。主持者立即打断，示意不要这样，有话直说。虽是小细节，舆论振奋，一时传为美谈。虽说冰冻三尺非一日之寒，但我们毕竟又迎来了一个新的春天，中央为我们作出了表率。希望在今年3月的两会上能看到更可喜的变化。

二、“下团”开会就这么难？

每年两会时有一项内容是中央领导分别下团参加讨论。但实际上这一天领导人并没有下到代表团的驻地去。而是一大早用大轿车把全团人马从驻地拉到人民大会堂里，临时布置一个会场，请领导来出席。散会后再用车把代表送回驻地。这本来是一件又平常又简单的事情，却搞得这样复杂。领导一人一车去“下团”，变成全团兴师动众去“上堂”——上大会堂去“被下团”。

这是一个小小的细节，无关会议内容，但事关会风、党风、工作作风。影响不好。细析其理有三。第一，人民代表大会是国家的最高权力机构。在代表会上，代表是会议的主体，代表人民。这是一件很严肃、神圣的事情。从党的传统来讲，我们平常总说为人民服务，人民是上帝、是父母等等。而此刻正是领导俯身躬听人民声音的最好机会，应该毕恭毕敬，到会问政、下团问政。何况许多领导本身就是代表，是所在团里的普通一员。第二，据说这样做是为了便于安全保卫。大会的安保工作已经尽善尽美，如果下团都不安全，又如何下乡？我们党最基本的工作方法是深入基层，调查研究。会场都不能深入，何谈深入基层？这怕是安保人员偷懒想出来的借口，工作人员抬轿子的惯性。第三，这样做的结果，虽方便了领导，但劳顿了代表，增加了扰民。试想，本来领导一人一车到团里去开个会，惊动很小。现在反过来要用三四辆大轿车拉一个代表团的人，呼啦啦地横穿北京，又要牵动多少工作人员。何况一共要有三十多个团呢？沿途交通管制，影响市民的正常出行。时间花在路上，也很不合算。

作风问题本来就是细节问题，要从小处着手。所谓耳濡目染、防微杜渐、谨小慎微都是指的从小处抓起。党史上著名的七届二中全会就在党的中心工作转移之时，抓作风、抓细节，提出“两个务必”，作出不命名、不敬酒、少拍巴掌等五项规定。今天，十八大选出的新一届党中央通过的改进作风的“八项规定”也是从细节抓起。第二条专讲会风，第五条专讲改进警卫，不封路，不扰民。中华民族的传统向来是礼贤下士，敬重人才，真诚待人，且重细节。刘邦洗脚，有士来访，不及擦脚，倒踏鞋出迎；刘备三顾茅庐，静立雪中，都是美谈。延安时毛泽东在黄尘滚滚的街头与农民谈话；1958 年周恩来听说广东农民育出新稻，亲飞当地，蹚着泥水到田头与农民交谈。

天下者人心，人心者现于言表，见于行动，处处留痕，得人心者得天下。两会是五年一届、一年一度的最大的国是大会、人才盛会、展示人心的大会，也是政治家表现自己风采的舞台。无论从中华文明史还是党史的角度，我们都应该发扬传统，改进作风，调查研究，谦虚谨慎，如履薄冰。

（《人民日报》2013 年 2 月 21 日，发表时有改动）

发言时少些表扬与自我表扬

——两会会风新期盼之一

梁　衡

开会并非不能表扬，做得好就肯定，也是一种实事求是。但两会是国家最重要的政治活动之一，议大事，商国是，若有褒奖也应对事不对人

年年岁岁花相似，岁岁年年人不同。阳春三月，中南海红墙外的白玉兰又将绽放。每年一次的两会将要召开。今年两会与往届不同，正赶上换届，又是在十八大之后、中央狠改作风之际，两会怎么开举国关注。

往年开会有这样的现象，一些来自基层的代表发言时总要借机表扬一下领导，且这种表扬，已成定式。如果是最基层的人发言，就不忘把上面的各级领导都一一表扬到。说他们如何辛苦，为基层办了多少好事等等。还有的，不忘在更高一级领导面前表扬自己的顶头上司。如省委领导在场，一定会说我们县委、市委领导如何好，给人的感觉是在替领导拉票、说情、捧场。更尴尬的是，被表扬的领导往往在场，有的坦然受之，不觉脸红，有的虽觉不妥，面对表扬，也未能当场制止。

人民代表是从各地选出来、代表人民反映基层呼声审议国家大事的。在会上的发言不外两个内容。一是基层的情况和要求，二是对会议提交文件的审议意见。由于代表团的编组是以省、区、市为单位，既有基层的工人、农民、教师、个体户，又有县、市、省，直至中央的领导。大家同处一团，共商国是，应该是一个平等、诚恳的气氛。

开会并非不能表扬，做得好就肯定，也是一种实事求是。但两会是国家最重要的政治活动之一，议大事，商国是，若有褒奖也应对事不对人。在这个场合借机表扬上级，极不严肃，是一种不良会风。对下级来说有讨好之嫌；对上级来说是甘受恭维，是一种精神受贿。从这个细节反映出无论说者、听者都没有真正把自己当成一个人民代表，还是有民与官、上下级的区别，人代会成了干部会。况且，就算是在干部会上，大家坐在一起也是竭诚议事，检讨工作，没有必要来什么讨好。细究，还是民主意识不强，庸俗、媚俗流行，独立、平等不够。

习近平同志指出：“改进文风会风，要努力活跃党内生活，扩大党内民主，大力倡导独立思考的风气，创造鼓励讲真话、提倡讲新话的宽松环境。”我们党的历史上曾有过非常好的作风：批评与自我批评，民主与集中，同志式的平等，坚持原则，坦诚共事，知无不言等等。可惜这种好传统却在一些人身上慢慢地消解，批评与自我批评，变成了表扬与自我表扬，媚权媚俗、吹吹捧捧的作风悄然抬头。俗风既久，已习以为常。如毛泽东同志所说，像京剧《法门寺》里的贾桂，站惯了不敢坐，当了代表还是直不起腰。而在领导这一方，关键是要放下架子，丢开面子。在进城前的七届二中全会上毛泽东就提醒：“因为胜利人民会感谢我们”，要坚持“两个务必”；1959 年庐山会议上张闻天又指出：“不要怕没有人歌功颂德”。昨日警钟，声犹在耳。

近期以来，中央一直在大力整顿会风、文风，有决议，有实际行动，带头垂范。政治局通过的“八条”，第一条就是改进调查研究，深入基层，向群众学习。十八大刚过，在中纪委召开的一次座谈会上，有与会者发言，一开口又是：“尊敬的××领导”，主持者立即打断，示意不要这样，有话直说。虽是小细节，舆论振奋，一时传为美谈。虽说冰冻三尺非一日之寒，但我们又迎来了一个柳暗花明的春天，中央为我们作出了表率。希望在今年 3 月的两会上能看到更可喜变化。

人民观点

官场之风

工作不要挂在空挡上

一次在基层采访，听群众批评干部的作风说："工作挂在空挡上。"此话很深刻，也很生动。

空挡者，马达轰鸣，只有声不做功。现实中这类事可谓不少。比如会议多，干实事少；会上的空话多，听者如风过耳；文章越写越长，读者不能卒读；文件简报多得看不过来，检查评比一拨又一拨，等等。时间一长，好像只要走走这些程序就算工作。其实，会议、文件、简报、讲话、文章、检查等，都是工作的形式，它还应该有更重要的内容。聚在一起开会，是为了碰撞产生新思想；讲话、写文章，是为了启示新思路，给人新目标、新方法；检查评比，是为了揭示新矛盾，解决新问题。如果没有这些内容，就是在挂空挡。

这几年有的地方，干部作风飘浮，练出了一批"空挡车手"，油门踩得震天响，就是不见车轮转。虽然我们有大庆、胜利等大油田，也经不起车辆日夜不停地空转；虽然我们经济发展，国力增强，也经不起这种无休无止地空耗。

中央确定今年是全党转变作风年，让我们诚恳地记住群众的这一批评，自问自想，戒之慎之。哪个地方工作还挂在空挡上，赶快换成前进挡。

（《人民日报》2002 年 1 月 22 日）

碑不自立，名由人传

据《人民日报》4 月 7 日报道，陕西某贫困县，县委领导竭诚尽力为群众办了不少好事，受到群众好评。但遗憾的是，每完成一件工程，领导即要立碑以记，并亲拟碑文。由此引出群言纷纷，石碑虽起，口碑却降。由是想到碑的本意，试略为一辩。

碑者从石从卑，取坚用谦。本意是以坚石刻记要事，以期久远，所以立碑之时总是思之又思，酌之再三，心也惴惴，手也颤颤，不知后人将会作何评点。碑即是“备”，既已上碑，就为历史所备案。宠辱底定，不由人易。何敢草率，何敢张扬。在盛行立碑的封建时代，若行此事，往往也要廷议公论，焚香沐浴，毕恭毕敬。当年新中国成立，中国人民政治协商会议念及近百年来无数英烈为国捐躯，特决定于天安门广场立人民英雄纪念碑一座，并议请周恩来总理亲题碑文。周恩来受命之后，诚惶诚恐，闭门三日，潜心练字，抄写多遍，才完成现在碑上的这通文字，但他却坚辞不题名落款。这是何等的胸怀和品德。

碑者背也。一背，指所书之事已背人而去，属事后之论。碑，最早是古人在下葬之时立于墓坑两侧的系绳引棺之石。后来就顺便将死者的事迹刻于其上，后逐渐演变为专门的记事之碑。可见其本

要闻

碑不自立 名由人传

梁衡

据《人民日报》4月7日报道，陕西某贫困县，县委领导班子竭诚尽力为群众办了不少好事，受到群众好评。但遗憾的是，每完成一件工程，领导都要立碑以记，并亲拟碑文。由此引出群言纷纷，石碑虽起，口碑却降。由是想到碑的本意，试略为一辨。

碑者从石从卑，取坚用谦。本意是以坚石刻记要事，以期久远，所以立碑之时总是思之又思，酌之再三，心也惴惴，手也颤颤，不知后人将会作何评点。碑即是"书"，既已上碑，就为历史所备查，笔录成文，不由人易，何敢草率，何敢张扬。在盛行立碑的封建时代，若行此事，往往也要庭议公决，焚香沐浴，毕恭毕敬。当年新中国成立，中国人民政治协商会议为纪念百年来无数英烈为国捐躯，特决定于天安门广场立人民英雄纪念碑一座，并议请周恩来总理亲题碑文。周恩来受命之后，诚惶诚恐，闭门三日，静心练字，抄写多遍，才完成现在碑上的这篇文字，但他却坚持不题名落款。这是何等的胸怀和品德。

碑者背也。一背，指所书之事已背人而去，属事后之论。碑，最早是古人在下葬之时立于墓坑两侧的系绳引棺之石，后来就顺便将死者的事迹刻于其上，后逐渐演变为专门的记事之碑。可见其本意是盖棺论定，后而书之。二背，指所言为他人、他事，是背对背，不是面对面，更不是自说自。现在某些地方官忙于为自己树形象，争虚名。工程甫定，碑身即起，水泥未干，墨色已干，行匆匆，急慌慌，如赶早集。争立石碑之外，又有争出书者，争登报者，花样翻新，不厌其烦。唐时白居易知杭州，为民修堤，后人感其功，立碑曰白堤；宋时苏东坡又知杭州，再修一堤，后人又念其功，立碑曰苏堤。假如当年白居易、苏东坡都自磨一石，曰白曰苏，立之湖畔，也许早已被埋于污泥，没于尘埋。数十年前大寨因大修梯田而名扬全国，老英雄贾进才一生垒坝无数，满手老茧如铁锈铜斑。别人说，老贾，大寨该给你立一座碑。老人说："要碑做啥？这满沟的石坝不就是碑。"说得好，碑本天成，何必人立。试想，如果老人也像某县领导那样，往每块坝石上刻一个"贾"字，那参观者该有何感？正因这坝上无字，所以如今大寨展览馆里这位老英雄的形象更加灿烂。

大功无碑，大道无形。你看历史上有多少功德碑、记功铭都已湮没荒草，踩入泥土，而那些为民族为人民做了好事的人，虽无碑无铭，甚至无墓无灰，却永存青史，长在人间。历史老人很怪，有自鸣得意者，就捂住他的嘴；有桃李不言者，偏扬他的德。从来都是碑不自立，名由人传。我们现在提倡科学发展观，提倡干部要有正确的政绩观，有立碑嗜好者似应当引以为戒。

意是盖棺论定，后而书之。二背，指所言为他人、他事，是背对背，不是面对面，更不是自说自。现在某些地方官忙于为自己树形象，争虚名。工程甫定，碑身即起，水泥未干，墨色已干，行匆匆，急慌慌，如赶早集。争立石碑之外，又有争出书者，争登报者，花样翻新，不厌其烦。唐时白居易知杭州，为民修堤，后人感其功，立碑曰白堤；宋时苏东坡又知杭州，再修一堤，后人又念其功，立碑曰苏堤。假如当年白居易、苏东坡都自磨一石，曰白曰苏，立之湖畔，也许早已被埋于污泥，没于尘埋。数十年前大寨因大修梯田而名扬全国，老英雄贾进才一生垒坝无数，满手老茧如铁锈铜斑。别人说，老贾，大寨该给你立一座碑。老人说："要碑做啥？这满沟的石坝不就是碑。"说得好，碑本天成，何必人立。试想，如果老人也像某县领导那样，往每块坝石上刻一个"贾"字，那参观者该有何感？正因这坝上无字，所以如今大寨展览馆里这位老英雄的形象更加灿烂。

大功无碑，大道无形。你看历史上有多少功德碑、记功铭都已湮没荒草，踩入泥土，而那些为民族为人民做了好事的人，虽无碑无铭，甚至无墓无灰，却永存青史，长在人间。历史老人很怪，有自鸣得意者，就捂住他的嘴；有桃李不言者，偏扬他的德。从来都是碑不自立，名由人传。我们现在提倡科学发展观，提倡干部要有正确的政绩观。有立碑嗜好者当引以为戒。

（《人民日报》2004年4月9日）

当官何必秀才艺

现在干部的文化基础水涨船高，大学本科已是起码的门槛，硕研、博研比比皆是。不像解放初的工农干部，胼手胝足，只会闷头工作。于是除工作之外便有了“才艺展示”。

胡长清人人皆知，是一个因贪污而处死刑的省部级高官。他选的才艺是书法。据说他在监狱里还对看管的人说：“你善待我，我出去后给你写幅字。”可惜笔未落纸，头已落地。还有一位地方官，治民无方，治地发生群体事件，他处理不下，化装逃出。却会弹钢琴，他常会客的宾馆里放着一架专用琴，每当酒酣之时部下就会巧妙地暗示：我们领导还会弹琴呢。客人就赶快知趣地说：真的吗？愿闻其妙。他就半推半就，走上琴台，才艺展示一番。

多才多艺没有错，关键是分清主次，才当其用。大凡一个稍有文化、中等智力的人，身上总会有数种甚至十数种以上的才，这不足为奇。据说人身上的 23 对染色体，只有一对管起码的体力智力，其余 22 对管不同的才，人人有才，人皆多才。君不见随便一个民间二人转演员，从耍手绢到吹唢呐，都能在台上玩他一个眼花缭乱。但他真要成名却不容易，一是要有一个专门的才，二是这才还得是别人没有的绝才。这就难了，这里有个角色分工问题，也有人生态度问题。如果唱旦角的不攻旦功，而旁骛丑功，则“旦不成而丑不就”，为老实人、聪明人所不为。政治舞台与演艺舞台其理同一。

干部的主要角色是什么？是理政。孙中山说政治是管理众人之事，毛泽东说是为人民服务。首先你要有行政能力。心忧天下，心系百姓，把握大势，拆难解困，卒然临之而不惊，捧之宠之而不喜。老老实实把该管的事管好，勤勤恳恳为百姓谋一点福，如果还能有一点创造，比如有一点新政，那就更好。正如朱镕基答记者问所说，希望是个清官，干一点实事。我们常爱在官员前加“父母”二字，称“父母官”，暂不说其是否准确，但这却有强调责任的一面。父母者，首先解决子女的衣食等事。如果一个父母每天拿不回粮米，进门就只会给孩子唱歌，子女也实在乐不起来，要这等父母何用？其实无论是百姓还是上级，直到中央，对干部并没有什么过多要求。干部考核表上也没有“才艺展示”这一项。但是为什么有些干部喜欢频频展示其才艺呢？原来花拳绣腿比真功夫既好看又省力。

才艺对政治家有没有用？有用，但那是锦上添花。有一点，更见其彩，没有也不影响为官做人。毛泽东诗词写得好，中国人为有这样的领袖自豪；邓小平不写诗，仍不失为伟人，人们照样尊敬他。政坛上的人物的才气可分为四种。一是有政治之才又兼有艺术之才；二是只有政治之才；三是只有艺术之才，投错了胎，误入政途，如宋徽宗、李后主；四是既无政治之才又无艺术之才，阴差阳错，戴上了官帽。不管哪一类，既入政坛，就要一心务政。共产党的第一代领袖无不多才，周恩来年轻时就演话剧，张闻天写小说，海军司令萧劲光还拉得一手好二胡，但从没有听说他们“露一手”。官者管也，管好老百姓的事，同时也管好自己。有才艺可以，但不必频频展示，不要本末倒置，否则适得其反。宋徽宗好字画，李后主好诗词，明朝还有一个木匠皇帝熹宗朱由校，这些业余才艺反倒促使他们更快地人亡政息。共产党早期领导人顾顺章会两下魔术，执行秘密任务途中，过汉口码头禁不住上台露了一手，结果暴露身份，被捕叛变。凡热心于小技小艺者，其心必浮，难有大成，亦难托大任。足为之戒。

（人民网 2009 年 11 月 2 日）

老百姓怎么看政治

近翻40年前的日记，有一段政治趣闻。1971年林彪叛逃，摔死在蒙古国。这个“接班人”、“副统帅”一夜之间成了叛徒、奸雄、大阴谋家，全国掀起“批林”高潮。当时我在内蒙古巴盟当记者，上面传达的文件里有一句话说：“林彪披着马克思主义的外衣。”生产队开批判会，队长向大家传达说：“这个林彪很坏，他还偷了一件马克思的大衣。”前几天我与一位宣传工作老前辈、中宣部的老部长吃饭，席间说起这个笑话，他很认真地说：“现在仍然是这样呀。到基层去，农民老问，你们那‘三个代表’还没选出来啊?”

前后相距40年的两则政治笑话，使我思考一个问题：“老百姓怎么看政治?”40年了，我们的政治口号、中心任务已不知几变，而不变的是老百姓看政治的目光。马克思说，人们为之奋斗的一切，都同他们的利益有关。他又说，思想一旦离开利益，就一定使自己出丑。就是说，我们提政治口号并宣传解释时一定要能和普通百姓的具体利益相结合。

什么是政治？政治学解释：政治是人民群众将自己的权力出让出来，委托给一个公共权力机构来执行。这个机构可以是执政党也可以是政府。这里有几点本质之处常被掩盖忽略：第一，这权力属于人民，执行机构不过是代行；第二，代行之时要能提炼、概括人民的具体要求，使之上升为一项方针政策，凝炼为一个口号；第三，这口号必须为群众所理解，与其利益紧密关联。这三者哪一个环节缺失或欠完美，都将影响政治运作的效果。至少宣传工作者要懂得这个政治规律和宣传艺术。

其实这规律和艺术也很简单，就是能不能从老百姓的目光来看政治，能不能把一个政党、政府大政方针翻译成群众语言，能不能把一个时期的政治任务的本质和群众关心的具体利益相联系。毛泽东说：政治就是把我们的人搞得多多的，把敌人搞得少少的。孙中山说：政治就是管理众人之事。反正，你的政治目标要与老百姓的利益相联系。联系得好就成功；联系得不好就失败。这已为无数历史事实所证明。李自成起义，他的口号是“迎闯王，不纳粮”，一下就说到赋税重压下的农民的心里，从者如云。我们在解放战争时期的口号是“保卫胜利果实”，分得土地的农民就踊跃参军。而抗美援朝的口号是“抗美援朝，保家卫国”，八个字将国际义务、爱国精神和“保家”的具体利益都概括进来。这对新中国刚成立正在建设幸福家园的群众来说很好理解，很有感召力，堪称政治动员口号中的精品。改革开放之初，对农村大包干的概括是“交够国家的，留够集体的，剩下的全是自己的”，对推动农村改革也极具号召力。其余，各个历史时期，各种新政策出台时，都有一些好的动员口号，如：环保方面的口号“要金山银山，也要绿水青山”，教育方面的口号“再穷也不能穷教育，再苦也不能苦孩子”，都很有号召力。一般来讲，越接近基层，宣传就越能联系实际。一次我到甘肃采访，车在无人的田野上行驶，路边埋着光缆。一条红色立地标语映入眼帘：“光缆无铜，偷盗判刑。”它讲得再明白不过，光缆里面没有铜，你偷了也无处可卖，还要判刑。何苦呢？八个字，把最要害的利益说得清清楚楚，还宣传了科普知识。这虽是一条标语，比站一个警察还有效果。

政治是什么？就是最大多数人的利益，老百姓的利益。让百姓知道自己的利益所在，自觉去行动。这是管理者的责任，也是管理的艺术。

（《人民日报》2010 年 9 月 10 日）

警惕学习的异化

近读《中国档案报》编辑出版的一本《解读尘封档案》，其中详细记录了“文革”中《毛主席语录》的编写过程，思考良多。1959 年 9 月，林彪接替彭德怀任国防部长，第二年提出军队要掀起学毛著高潮，并说训练、生产都不能冲击学习。1961 年 4 月又提出“毛主席有许多警句，要把它背下来”，《解放军报》要登语录。于是军报开始在头版登语录。1965 年 8 月 1 日，64 开本《毛主席语录》发行，每个战士一本。地方上起而效仿。1966 年 12 月 17 日，全国各报发表林彪署名的《〈毛主席语录〉再版前言》。到“文革”中，《毛主席语录》已正式由新华书店发行，全国绝大多数省市都按人口印刷，几乎人手一册。1971 年“九一三”事件发生，《毛主席语录》热戛然而止。

应该说，当年的语录热，对普及毛泽东思想作用很大。我们这一代人的政治常识也是那个时候垫的底。但万事不可太过，过则走向反面。学习本是一种自觉的探求，冷静的辨别，科学的实践。求不得轰轰烈烈，更不能搞成运动。既成运动，便来如潮涨，去如潮落，就躲不开涨潮时的盲目和退潮时的寂寞。寂寞之后当然应该有思考。

任何事物，除内容之外还有形式。形式这种东西有自身的价值，便总想脱离内容，闹出点动静来展示自己的独立。如诗词，人们发明了格律，它是形式，但也是诗词的一部分，于是就有人以为只要按格律填上字就是写诗作词。生活中许多人就这样求于形式，止于形式，因为这比内容要容易掌握。于是就本末倒置，就异化变味，生出许多有违初衷的事。如吃饭，当七碟八碗，桌上有鲜花，眼前有乐舞时，那早已不是为吃；如服装，当它变成了舞台上模特的奇装异服时，那也早已不是为穿了。而一个事物每当形式完全俘获了内容时，它也就走到了尽头，不再会有生命力。形式愈完备，愈烦琐，生命就愈僵化，愈近停止。八股文是这样，“文革”中的手捧语录“早请示、晚汇报”也是这样。过去，我们不知经过了多少学习运动，现在不少地方也在这“学习化”，那“学习化”，口号喊得震天响，什么领导动员、讲演比赛、有奖问答、开卷考试、辅导验收，不一而足。公款买的学习用书，发了一筐又一筐。学习已经被异化为一种形象工程或应酬行为。

近日纪念改革开放 30 年，重读邓小平视察南方时关于读书与学习的一段谈话。他说：“学马列要精，要管用的。长篇的东西是少数搞专业的人读的，群众怎么读？要求都读大本子，那是形式主义，办不到……我们改革开放的成功，不是靠本本，而是靠实践，靠实事求是。……我读的书并不多，就是一条，相信毛主席讲的实事求是。”据家人回忆，小平确实没有读完《资本论》，但《列宁全集》是仔细读完了的，那是他在江西落难的时候，在那个被软禁的小院里，小楼上的灯光彻夜不熄，他在结合读书思考执政党如何治国的问题。据身边的人讲，小平在视察工作时总是多问少说，静静地听；在读书时，不勾划，不批注，静静地想。他是最不爱虚张声势，弄出点什么动静的人。在南方谈话中他还说：“你们查一查，我们三中全会以来所作的决定，哪一条是从马列主义的书上抄下来的，没有。但是你再查一查，我们哪一条是违反马列主义、毛泽东思想的，没有。”

当年林彪硬把学习毛泽东著作这件好事异化成狂热的个人崇拜，而他自己乘机篡权。而邓小平却因坚持实事求是遭到一批再批，毛泽东到去世前一年还在“批邓、反击右倾翻案风”。但毛泽东去世后，邓却力主搞一个《关于建国以来党的若干重大历史问题的决议》，并指出决议的关键是要肯定毛泽东思想和毛泽东的历史地位，如果这一点做不到宁可不搞。诚如他说的，就是“相信毛主席讲的实事求是”。这是真读书，真学马列主义毛泽东思想。有小平倡导的这种学习精神，我们才有了今天的好局面。

（《新湘评论》2009 年第 4 期，《新华文摘》2009 年第 5 期）

莫要急着修“自传”

《朱镕基讲话实录》出版了，里面一则资料很有趣。有人要为他写传，他就给人家写信说：“我必须明确表态，千万不要这么做。国事艰难，舆论纷杂，飞短流长，诚惶诚恐。如再授人以柄，树碑立传，罪不可逭（huàn，逃避）。千祈停止撰写一切涉及我的回忆或评论材料，并代我广告亲友，不胜感激之至。”

借权出书立传在各级官员中已成趋势。方式有两种：一是自己写回忆录、日记，亲自立传；二是动用权力、财力，组织他人为自己立传——或二者并举。于是书市就多了一些垃圾，历史就多了一些包袱，同时也多了一点幽默——留下了一些笑话。

凡有资格立传者，必是干过一点大事，在社会上有一定的影响，有一定的知名度的人。传者，传（chuán）也，能传给后人一点东西才有价值。既然是为后人而立，那就让后人去做，从来都应是政声人去后。你看，凡史上有价值的传记都是经过岁月的沉淀，由后人从容道来。但急于立传者不这么看，理由是“趁我在世好核实材料”。说是核实却常是隐恶扬善，添枝加叶，自为粉饰。还有一个潜台词是“有权不用过期作废”，趁着在任，何不享受一下吹捧的泡沫？说到底是私心加虚荣。过去帝王和权贵常在生前大修陵墓，为的是死后再延享生前的荣华尊贵。生前立传有如活人修墓，也是此意。但这实在靠不住。陶渊明有诗：“亲戚或余悲，他人亦已歌。死去何所道，托体同山阿。”陶渊明比今人还懂得唯物辩证法。连亲人也只有短时余悲，外人能念你几时？如果你没有干成一点大事，有何理由让人记住？如果你干了大事，历史又怎能忘记？再说既为官就是以身许国，还要这点虚名干什么？你看第一代领导人，毛、刘、周、朱等，没有一个人生前修传，周恩来连骨灰都不留。方志敏为敌所俘，敌兵搜遍全身并无分文。他当然也没有想到此生要为自己留一本传记。开国将帅，许多人身上都留下了累累弹痕，但谁也没有想到要给自己留本传记。再往上推，文天祥被俘九死一生，在狱中写了一首《正气歌》，他没有想到去写自传；司马迁是中国传记文学的鼻祖，写了许多至今还熠熠生光的人物列传，却没有为自己写一个小传。封建社会的皇帝也懂得这一点，在位时不给自己修传，而是听由后人根据他的行迹来评说。传者，写人不写己，传世不娱时。

朱镕基不让人为自己修传的理由有二：一是“国事艰难”，顾不上干这种事。一个高官“居庙堂之高则忧其民”，有心忧天下，无心抹脂粉。二是干这种傻事必将“授人以柄”，传为笑话。他说，我脾气不好，就以“有容乃大，无欲则刚”为座右铭。朱的严厉是出了名的。性格直率，容易冲动，在任上骂人无数。朱说：“你没有贪欲，你就刚强，什么也不怕”。其实，不贪让人刚强，更让人冷静。朱镕基在修传这件事情上就不肯上当。他说：“千祈停止撰写一切涉及我的回忆或评论材料，并代我广告亲友，不胜感激之至。”你看，又求人家，又感激人家不要给他写传。真是每临大事有静气，只缘心中无私欲。其实老百姓对公务人员的要求就是少点私心，多点真话，这是底线、最低要求。但不少官员硬是连这一点也做不到，反而私随权增，利令智昏，授人笑柄。

（《北京日报》2011年9月29日）

假不觉耻，行同演戏

食品卫生出了一件大事：有人将化学物质三聚氰胺掺入牛奶，只为提高检测指标，卖个好价，却危及人命。成千上万吃了有毒奶粉的婴幼儿发病，并有死亡。全国为之震动。此事看是质检不严，实为道德崩溃。

民以食为天，人命关天。天都敢欺，命都敢害，还有什么不敢为之？我们说以德治国，如果这样的道德行世，则人将不人，国将不国，社会将不社会，更谈什么和谐、安定？作案人何来此胆？一是利令智昏，只要能满足一点私利，就敢昧良心，敢害人命；二是愚不知法，窃喜于小利之得，不知法网难逃，正所谓无知者无畏。总之，是人的思想出了问题，不是奶粉质量，是人的质量，人的道德质量，社会管理质量。而且这种事情屡有发生，已不是一次两次。

5 月“汶川大地震”让我们见证人性中真诚无私的一面；这 9 月的奶粉事件，让我们看到了人性中自私虚伪的一面。鲁迅一生以极大的勇气和精力与民族劣根性作斗争，看来，此事还远没有完结。奶粉掺假的背后是社会上假风盛行，久而久之，司空见惯，见怪不怪。

记得 20 世纪五六十年代，如果一个人说了一句假话，被人点破，则羞得恨不能立即跳楼。如果发现别人有假，也必勇于揭露，愤而斥之。社会道德之失真，从“文革”始，后愈演愈烈。到现在，社会上公然卖假证件、假发票，出假票据。你若要报销，售货员主动问你怎样开票，会计帮你合法入账。大家都在阳光下运作，脸不红，心不跳。谁还怕人说有假，谁还觉得是造假？所以朱镕基任总理时，一次为某会计学院题词，忿而题曰：“不做假账”。可见做假账都已成了会计经常的业务。以图财害命责之造假的奶农、药商，可也；而假风蔓延，则要拷问全社会的道德，拷问官员的管理教化示范之责。政治是什么，孙中山说是管理众人之事，我们说是管理国家大事，是为民办事。商场之假与官场之假深有其缘。治商须问政，正人先正己。

现在官场造假成风，虚伪成规。开会排座次，发言念稿子，写公文套框子，发表文章编句子，应付视察摆场子。就是内部开个会，正常接待上司，一发言，也要先说一句“尊敬的某某领导”，如旧时臣子喊“吾皇万岁”，天天演戏，乐此不疲。干部一提拔，先学会应酬，摆架子，装样子，哪有什么如履薄冰，先忧后乐之心；下级见上级，专拣好听的顺耳顺嘴的话说，哪有什么忠言逆耳，实事求是。本来一个社会的安定是百姓老老实实做人，官员勤勤恳恳办事，现在官员只顾演戏，不去做真人，怎么能教化百姓办真事？假不为错，伪不觉耻，官无个性，商无诚性，是社会安定和发展之大患。毒奶事发，冰山一角。

改革开放，让我们懂得了“商品经济不可逾越”，而商品交换必得有诚信，我们现在亟须补上这一课。改革开放还让我们懂得政治文明要讲民主。在这方面，中国封建社会长，遗毒甚多。专制和集权需要伪装、造假；而民主政治则要透明，要监督，要务实。我们也要补上这一课。无论是政治道德还是商业道德，都要从诚实做起。道德是法律的基础，德不行则法不立，法不立则国难治。而一个社会的道德教化普及，大概莫过于先立制度，然后官员勤勉，政风朴实，使上行下效，人人自律，自然河清海晏，夜不闭户，路不拾遗。

愿从假奶粉事件中反思治国大义。

（《北京日报》2008 年 10 月 20 日）

媒体之风

先弄清什么不是新闻

我们平常讲“什么是新闻”，却很少研究“什么不是新闻”。新闻定义：新闻是受众所关心的新近发生的事实的信息传播。所以，没有受众不是新闻；没有事实不是新闻；没有时效不是新闻；信息量不大不是新闻。这条稿子，只说了一个观点，没有多少事实和信息量，不是新闻。同理，很多一般性的会议、视察、参观、讲话等，看似新闻，其实并不是新闻。而一些虽有信息含量，但写得佶屈聱牙、枯燥乏味的稿子，读者不忍卒读，也不是新闻。

（对一条撤稿的批语，后附原稿）

原稿

水利部部长汪恕诚表示

"井水不管河水"的体制必须改变

据新华社北京1月31日电（记者 王立彬） 左岸不管右岸、上游不管下游、城市不管农村、洪涝不管干旱，这是传统水管理体制的真实写照。水利部部长汪恕诚日前表示，这种条块分割的水资源管理体制必须加以改变。

汪恕诚指出，长期以来，部门分割、地区分割的管理体制，使防洪减灾、城乡供水、防治水污染和保护生态环境等工作存在许多矛盾。这种分割管理体制，严重违背了水的自然规律，不利于各种水问题的有效解决，已成为水资源可持续利用的障碍，必须加以改革。改革水管理体制的关键是加强水资源统一管理。

中共中央十五届五中全会通过的关于"十五"规划的建议提出，要改革水的管理体制。这是在党的重要文件中第一次对水的管理体制改革提出明确的要求。

汪恕诚说，水作为一种自然资源和环境要素，以流域或水文地质单元构成一个统一体。这种特点就要求对水的问题必须统筹考虑、全面安排。

汪恕诚说，国内外实践表明，对城乡防洪、排涝、蓄水、供水、用水、节水、污水处理及回用等涉水事务进行统一管理，是符合经济社会发展要求的。水利部将在国务院的领导下，和其他有关部门一起，加强对水务改革的研究和指导。

汪恕诚说，随着我国南水北调等一批远距离跨流域调水工程的实施，各大流域水资源统一配置、统一管理的加强，研究水资源开发利用过程中的产权归属、产权收益和产权经营等问题，已经成为无法回避的课题，成为深化水利改革、实现水资源优化配置的难点和关键。

（《人民日报》2001 年 2 月 1 日）

2001/01/31 23:53:02 大样撤稿

人民日报 2001.2.1. 星期四.2版

水利部部长汪恕诚表示

“井水不管河水”的体制必须改变

据新华社北京 1 月 31 日电 （记者**王立彬**）左岸不管右岸、上游不管下游，城市不管农村、洪涝不管干旱，这是传统水管理体制的真实写照。水利部部长汪恕诚日前表示，这种条块分割的水资源管理体制必须加以改变。

汪恕诚指出，长期以来，部门分割、地区分割的管理体制，使防洪减灾、城乡供水、防治水污染和保护生态环境等工作存在许多矛盾。这种分割管理体制，严重违背了水的自然规律，不利于各种水问题的有效解决，已成为水资源可持续利用的障碍，必须加以改革。改革水管理体制的关键是加强水资源统一管理。

中共中央十五届五中全会通过的关于“十五”规划的建议提出，要改革水的管理体制。这是在党的重要文件中第一次对水的管理体制改革提出明确的要求。

汪恕诚说，水作为一种自然资源和环境要素，以流域或水文地质单元构成一个统一体。这种特点就要求对水的问题必须统筹考虑、全面安排。

汪恕诚说，国内外实践表明，对城乡防洪、排涝、蓄水、供水、用水、节水、污水处理及回用等涉水事务进行统一管理，是符合经济社会发展要求的。水利部将在国务院的领导下，和其他有关部门一起，加强对水务改革的研究和指导。

汪恕诚说，随着我国南水北调等一批远距离跨流域调水工程的实施，各大流域水资源统一配置、统一管理的加强，研究水资源开发利用过程中的产权归属、产权收益和产权经营问题等问题，已经成为无法回避的课题，成为深化水利改革、实现水资源优化配置的难点和关键。

不是写新闻，而是一个文件，就是材料。是机关报的通病。

《人民日报》2001 年 2 月 1 日 2 版，被夜班撤掉的大样

消息要七分肉三分骨

编了几篇工作性、专业性较强的稿有一点体会。

稿子不大好看，人们就说，尽是骨头，没有肉。新闻稿不是社论，也不是文件，最怕多骨少肉。一篇稿，当然应该是有骨有肉，但也得有个合适的比例。不同的体裁，比例也就不同。消息，天生是叙事为主的文体，要丰满、生动，骨肉之比至少要三七开，二八、一九最好。什么是消息的骨？就是稿件中理性的东西，如工作思路、文件引语、背景交代、专业术语、作者的旁白分析等。什么是消息的肉？就是构成新闻的事实。包括这事实的过程、情节、结果、时间、场景、人物、语言、数据等。越形象生动就越有个性。

不少记者，特别是机关报的记者写新闻，满足于介绍上面的工作思路，照搬讲话、文件、术语、行话，以为这就是新闻。其实这只是新闻背后的理，就好像一座主桥的引桥，而读者要看的是结果，是他们感兴趣的事实。你如果想体现指导性、导向性，就去说这个理引出的事，不能只说这个理。说到这里，想起多年前看过的一个新闻短片，当时李瑞环在天津工作，要求某日前为街道通上煤气。有一个地段未通，他就找来公用局长是问。局长解释了许多理由，李打断话头说：“你说这些都没用，到时老太太打开煤气开关就要点火做饭。”读者就是这个等火做饭的人，哪里还管你那许多铺管埋线的啰嗦事。你再说，他摔下报纸不看了。只有引桥，没有主桥，一座断桥行人怎么过河？

消息里不是没有理，一是你要学会用事包住这个理，就像用肉包住骨。1895 年 X 光初发现时，发现者伦琴请夫人配合，给她拍了一张手掌的 X 光片。她第一次看到自己可怕的五根手骨，吓得大哭起来。X 光，是专门见骨不见肉的。幸亏我们常人的眼睛不是 X 光，只见肉不见骨，美人的玉手照样漂亮。报纸不是文件，不要办成 X 光片。记者写作不能只按领导的、机关的、专业的思路走，要按新闻的规律、读者的思路和常人的阅读习惯走。

怎么避免消息多骨少肉、干巴艰涩呢？很简单，就两条。一是少议论，少解释，多叙事。无事不成稿，这是铁律。如果非说理不可，千万不要忘记举例子，而且别忘记那个三七开的比例。

二是要藏骨，不要露骨。《人民日报》2006 年 2 月 15 日国际版有一篇稿子。原题是《留尼旺流行基孔肯尼亚》，相信谁也看不懂。原来“留尼旺”是印度洋上的一个小岛，“基孔肯尼亚”是一种新发现的由蚊子传染给人的病。这样做题，瘦骨嶙峋，谁还爱看？后改成《留尼旺岛爆发怪病》，就丰满好看了许多。

多肉少骨还有一层意思，就是作为写稿人要为下一步程序——编稿留下余地。事多肉丰，可能繁缛一点，但编辑高手会“删繁就简三秋树，标新立异二月花”，为你出落成一件好成品。如果只有几根筋骨，编辑本事再高也不能贴肉补泥塑成一个美人。因为新闻编辑的原则是只用减法，不算加法——不敢凭空乱加。其实，稿件多骨少肉的毛病，病根在采访阶段，不懂或不愿吃苦去挖掘鲜活的新闻事实，笔下没有多少可以调遣的素材，文章自然就干瘪难看了。

“哇”字牌通讯

不知怎么，翻看着新闻参评稿，思维之车一下滑向感叹词这个轨道。古文感叹用“兮”，刘邦“大风起兮云飞扬”；用“噫”，范仲淹“噫！微斯人，吾谁与归”；用“哉”，梁启超“壮哉，我少年中国”。现代白话文用“啊”、用“呀”、用“哎”。古今文章不知读了多少，不管“兮、噫、哉”还是“啊、呀、哎”都觉得很自然，说话人在流露真情。近年来在都市人的口语中，悄然出现了一个“哇”字。这个字很有意思，妙在它所表现的情感，不但有七分真情还有三分假意。“哇！真好吃。”“哇！我好开心。”好吃、开心是真，但真感叹之外还有三分的自我表演与自我欣赏。

现在一些记者不喜写消息喜写通讯，因为消息太简单不便发挥。写通讯又专爱写一种“哇”字牌通讯。一提笔就先“哇”一段感叹的话。你不把这十行八行，甚至几段的“哇”语读完，你真不知道这篇文字要说什么。写抗洪救灾的稿子就先说：“在我们这片古老的土地上曾出现过一个大禹……”要记一件事必先说：“历史记下了这个时刻……”要是记一个人可能这样开头：“人和动物的区别在于……”总之它的模式是一定不提事情本身，而是用最大的语气，从最远处大大地“哇”一声，然后才进入报道本身。毛泽东同志在《反对党八股》里批评那种“一国际、二国内、三边区、四本部”的报告模式。这种通讯是一历史、二哲学、三文学、四才轮到新闻。每次评奖都能遇到这种扯旗唬人、泰山压顶，近万字的大通讯。为什么非要从海外、天边不厌其远地扯起呢？据说是追求文章的气魄、力度，高屋建瓴。但这实在不必。新闻不是抒情诗，像李白一开篇就：“噫吁嚱，危乎高哉！”不是论文，先摆论点；也不是小说，先设悬念或发议论，像《安娜·卡列尼娜》那个著名的开头。新闻是信息传播，要求直说，不能太长，不许绕圈子。所以这种所谓的气魄、力度是借机自我表现。就如自负又浮浅的姑娘见了好景好物先“哇”一声，其眼睛的余光却在扫着旁人：我的天姿、风度如何？这种通讯的作者开篇先“哇”一段时，也在偷眼看读者的表情：“我的知识、才气如何?”过去我当记者时与一位青年作家同桌吃饭。他问：“记者与作家有什么不同?”我说：“你们是为自己的，我们是为他人的。”他大惑不解。我说：“比如碰到同一个题材，作家首先想，我能创作一篇好小说，得奖、成名。记者首先想，要将此事用最快的速度、最简洁的手法告诉读者。”文学作品力求有作者的个性，新闻作品则力避作者的影子，力求客观。文学有我，新闻无我。任你才高如山，情炽如火，凡读者不需，一毫而不赘。就是要这种目明如镜，心静如水。有一篇写抗洪中省、地、县三级领导在现场的通讯，第二节直取现场，写人写事让人落泪。可惜开头很长的一段“哇”文十分碍眼。这“碍”有二，一是在事实前插了一堆与事无关的垒块；二是在事实与读者间插进了一个作者的“我”。就像红娘促成了张生与莺莺的幽会，自己却又不走，非要站在中间插嘴不可。

新闻又是历史，后人只看事实。作者的这些花腔、花絮不要说什么经历史的风雨，我们现在评稿，时隔不过数月，摆在桌上的“哇”段文字已做作得叫评委们如坐针毡了：好像在看大人表演儿歌，又像看小儿板着脸学大人朗诵。这时如作者在场也会赧颜避席。司马迁的《鸿门宴》一开头就：“沛公军霸上，未得与项羽相见。”地点、人物一下点出。毛泽东同志著名的渡江新闻稿，开头：“英勇的人民解放军 21 日已有大约三十万人渡过长江。”（《我三十万大军胜利南渡长江》）时间、地点、事件，一笔切入。这种文章时间愈久，愈见风骨。如果魏巍当年的朝鲜战场通讯也这样“哇”着写，我们的战士也就不可爱了。

虽是普通的感叹，一个“哇”字就与“啊”或“哎”有这么多的区别。每个词的周围都有一种无形的包蕴和气氛，如月亮的晕圈。陈望道的《修辞学发凡》称此为修辞的积极作用：“语言文字大抵都有它自己的历史或背景，形成它的品位和风采。”“哇”字牌通讯也是一种风采，也有一种作者的心理背景，但这是一种不务实，不全身心为读者，带有三分自我表现的风采。要不得。

（1992 年 3 月 2 日）

“要”字牌言论

十多年前，我写过一篇《“哇”字牌通讯》，是批评通讯写作的华而不实。这几年看稿多了，又发现一种“要”字牌言论。这种言论，几乎是把文件拆分成段，“要”这，“要”那，要读者去照办执行。结构也简单，一“要”到底，有时一篇能数出十多个“要”字。“哇”字牌通讯，透出一种“嗲”气、“浮”气，有做作之态；“要”字牌则不用装模作样，是直截了当的横气、霸气，一股强迫命令之气。

报纸和读者的关系是一种自愿结合的我登你看、我说你听的组合，并表现为一种自愿的市场供求，读者在自由地购买或订阅报纸。这中间没有任何的上下隶属、行政约束。一份报纸好看不好看，有没有读者，全靠两样东西：第一，有没有事实信息，这主要靠消息、通讯来传递；第二，有没有思想内容，这主要靠言论表达。思想这个东西很怪，至少有两个特点：一是吃软不吃硬。一个人接受外来的思想时他只表现为理解、接受，而不是盲从。用“要”的方式来命令只会激起逆反和厌弃。就像男女结婚只能通过自由恋爱而不能逼婚。报纸的力量是一种“软实力”，不是行政硬实力。所以它一是应有一种让人心悦诚服、自愿接受服从的思想魅力，二是必须有能表达这种思想的个性方式和风格。世界上的基本道理不论是政治、哲学、科学还是马克思主义原理，最基本的就那么几条，但是为什么还有那么多的人天天在讲，那么多的书、报、刊在阐述？原来这讲解、阐述的过程是在思考，而不是重复，是加进了个性的创造。比如我们宣传中央的一个政策，自然就加进了当地的实例、群众的实践、干部的体会、作者的理解，还包括不同于文件原文的新的语言表达等。这些个性创造一方面进一步强化、升华了普遍原理，另一方面因个性特点让读者对原理感知得更具体，更易接受。如果去掉个性的东西，只把文件拆成几段，多加了几个"要"字，说好听一点是传声筒，不好听是抄袭，因为这里并没有作者的新创造。就像搬来一堆砖头，硬说自己盖了一所房子；送人一斤面粉，就说我是送你一块面包。写作常被称为"创作"，关键就在一个"创"字。创者，突破、新生也。你比原来的文件到底新了一点什么？是新例证、新理解还是新表达？为了强调言论写作的个性，我们可否用一个笨办法，提出这样一个最低的"四有"标准：每篇文章里有一个属于自己悟到的新观点（从中可看出你对原理的理解）；有一个自己精心挑选的例子（这证明你已能理论结合实际）；有一个贴近的比喻（这考验你是否吃透了原理，能深入浅出）；有与文件不同的语言。这个办法是比较笨，要求也比较低，但只要上这个线，你就可摆脱"要"字这根带子的捆绑。

道理虽这样讲，可为什么报刊上"要"字牌言论还是这么多呢？细分一下，这种言论的作者有两类人：一是编辑记者，原因是一个"懒"字，应付了事，或许他在写稿时心里就在说，反正也没多少人看，自己对这文章便没有了兴趣。二是一些官员，坏在一个"权"字。平时"硬实力"用惯了，行政思维，言出成令，现在把千百万读者也当成了他发号施令的对象。不管是源于"懒"还是源于"权"，都是既不尊重读者，也不尊重自己的劳动，这言论当然也就成了一件摆设。试想一个作家、画家或音乐家，敢这样随意去写文、作画、作曲吗？真这样去做，能被人接受而流传开吗？个性是一切作品的生命。有一个误解，以为理论没有个性，其实理论和艺术同样需要个性，而且除形式外，比艺术更多一份思想的个性。

一篇好的言论既能让读者得到一个新思想、新观点，又少用和不用“要”字，这叫“不战而屈人之兵”。恩格斯的名文《在马克思墓前的讲话》，无疑是要宣扬马克思，让人们学习他、接受他、继承他。但我数了一遍，全文没有一个“要”字。

（《人民日报·编采业务》2006 年 9 月 10 日，

《今传媒》2006 年第 9 期）

你有什么资格向全国人民说“要”

报纸上不能发这样的稿子，一个小小的地方官有什么资格向我全国 200 万读者指手画脚，在一篇千字文中一要再要，连说 13 个“要”字呢？报纸是大众传媒，每天在传播信息、知识、思想，唯一不能传播的是命令，更不能传播这种霸道作风、官样文章。不知什么时候，我们的干部只会利用职位、权力说话，而再不会用思想说话、用心说话。如果报纸总发这样的文章，它将一天天脱离读者、脱离群众，将退化为“官媒”、“权媒”，而不再是大众传媒。

（在一份大样上的批语，后附原稿）

原稿

认真探索凭实绩用干部的正确途径

事业兴衰，唯在用人；用人之要，在于树立正确导向。有什么样的用人导向，就造就什么样的干部队伍。用人导向左右着干部努力的方向。实践证明，在干部使用中，必须坚持“以发展论英雄，凭政绩用干部”，将经常性考察、年度考察和任前考察有机结合起来，正确评价干部的是非功过，科学确定干部的升迁奖惩，才能最大限度地把干部的精力和心思凝聚到聚精会神搞建设、一心一意谋发展上来。

首先，**要**建立健全目标责任体系，让干事创业有目标。**要**围绕中心，认真研究修订本地发展的总体目标，并将目标任务细化、量化、深化，横向分解到各级领导、部门、科室和每位工作人员，纵向分解到县区、乡镇、村和企业，构建全员、全岗、全程的目标责任体系。

其次，**要**严格依法考核，让选人用人有依据。**要**按照科学发展观和正确政绩观的要求，从实际出发研究制定具体的实绩综合考核办法，对县区乡镇的经济实绩一季度一考核，并公示考核结果。在市直单位，可以推行岗位目标责任制，制定岗位责任目标考核实施办法和奖惩措施，形成严格的激励约束机制。

第三，**要**认真兑现奖惩，让政绩突出者得实惠有位置。在严格考核结果的基础上，对年度考核中排名靠前县、区、乡镇党政主要负责人给予表彰和奖励，对没有完成年度目标任务且位次靠后的给予处理。特别是**要**把实绩考核结果与干部使用直接挂钩。在干部调整中，不能搞平衡，不**要**因情绪而贻误发展，对政治过硬、干事创业，实绩突出的基层一线干部，**要**优先考虑提拔重用；对工作不力、打不开局面的班子和干部随时调整，才能形成能者上、庸者下和干事创业者有前途、有地位的良好局面。

同时**要**狠刹不正之风，维护正确的用人导向。党委**要**郑重承诺，在本届任期中对任用的每一名干部负责，并自觉接受各级党委、人大、政府、政协的监督。**要**严格执行《干部任用条例》，确保正确的用人导向。**要**结合实际，探索建立具有自身特点的操作程序和方法，形成健全完善的操作规范，确保干部选拔任用的公开、公正。**要**建立健全干部考察工作责任制度、领导干部经济责任审计制度等，把“以发展论英雄，凭实绩用干部”落到实处。

（作者为某市一个市委书记）

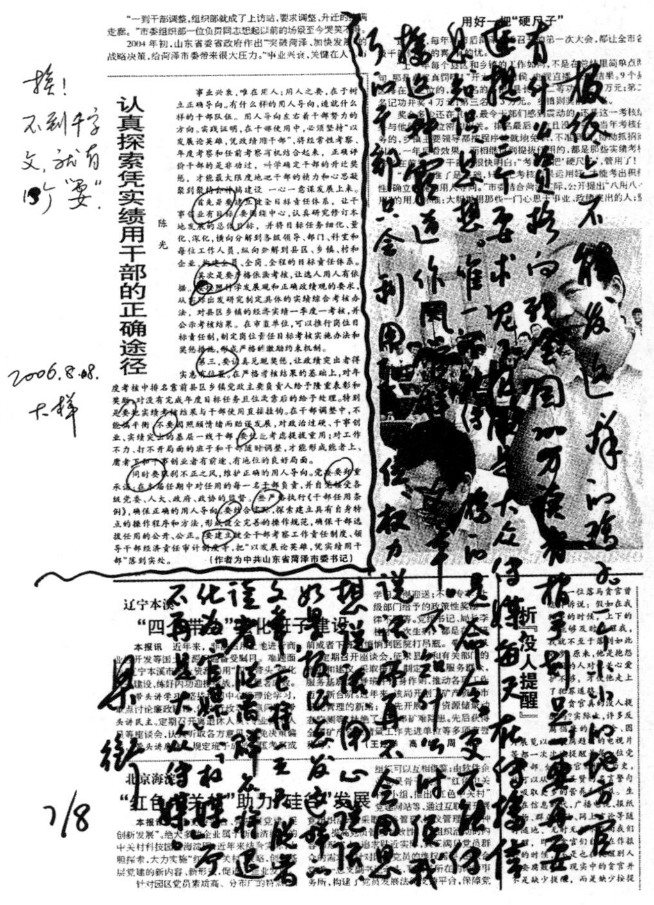

“一到干部调整，组织部就成了上访站，要求调整、升迁的[illegible]满走廊。”市委组织部一位负责同志想起以前的场景至今哭笑不得。

2004年初，山东省委省政府作出“突破菏泽、加快发展”的战略决策，给菏泽市委带来很大压力。“事业兴衰，关键在人……

认真探索凭实绩用干部的正确途径

陈光

事业兴衰，唯在用人；用人之要，在于树立正确导向。有什么样的用人导向，造就什么样的干部队伍。用人导向左右着干部努力的方向。实践证明，在干部使用中，必须坚持“以发展论英雄，凭政绩用干部”，将经常性考察、年度考察和任前考察有机结合起来，正确评价干部的是非功过，科学确定干部的升迁奖惩，才能最大限度地把干部的精力和心思凝聚到[illegible]建设、一心一意谋发展上来。

首先是要[illegible]健全目标责任体系，让干事创业有目标。要围绕中心，认真研究修订本地发展的总体目标，并将目标任务细化、量化、深化，横向分解到各级领导、部门、科室和每位工作人员，纵向分解到县区、乡镇、村和企业，构建全员、全岗、全程的目标责任体系。

其次是要严格依据考核，让选人用人有依据。要按照科学发展观和正确政绩观的要求，从实际出发研究制定具体的实绩综合考核办法，对县区乡镇的经济实绩一季度一考核，并公示考核结果。在市直单位，可以推行岗位目标责任制，制定岗位责任目标考核实施办法和奖惩措施，形成严格的激励约束机制。

第三，要认真兑现奖惩，让政绩突出者得实惠有位置。在严格考核结果的基础上，对年度考核中排名靠前县区乡镇党政主要负责人给予隆重表彰和奖励，对没有完成年度目标任务且位次靠后的给予处理。特别是要把实绩考核结果与干部使用直接挂钩。在干部调整中，不能搞平衡，不要因照顾情绪而贻误发展，对政治过硬、干事创业、实绩突出的基层一线干部，要优先考虑提拔重用；对工作不力、打不开局面的班子和干部随时调整，才能形成能者上、庸者下和干事创业者有前途、有地位的良好局面。

同时要狠刹不正之风，维护正确的用人导向。党委要郑重承诺，在本届任期中对任用的每一名干部负责，并自觉接受各级党委、人大、政府、政协的监督。要严格执行《干部任用条例》，确保正确的用人导向。要结合实际，探索建立具有自身特点的操作程序和方法，形成健全完善的操作规范，确保干部选拔任用的公开、公正。要建立健全干部考察工作责任制度、领导干部经济责任审计制度等，把“以发展论英雄，凭实绩用干部”落到实处。

（作者为中共山东省菏泽市委书记）

对一篇“要”字牌言论的批示

一把跪着接过的钥匙

报载北京市盖好第一批专供低收入家庭使用的廉价住房，业主代表感激万分，在接钥匙时向领导下跪。报纸以赞赏的口吻报道此事，标题大意是“首个限价房项目某某家园交用，市委书记、市长发钥匙，入住廉租房，业主跪地谢”，并配有下跪的大幅图片。这条消息刊发在 7 月 1 日，党的生日当天，显然是一项计划好的“送温暖”活动。消息一见报即引起议论纷纷。

自从 1944 年毛泽东同志发表《为人民服务》以来，全心全意地为人民服务，已经是中国共产党人上下一致的信念。老一辈革命家和无数普通的前辈党员、干部都为我们做出了榜样。干部为人民办事是应该的，很自然、平常，没有什么可自诩、自豪、自矜、自炫的。功高如邓小平，他仍说：“我是中国人民的儿子。”共产党立党为公，绝无一点私利，也绝不要什么回报，包括什么报恩、答谢。今天，我们只不过用纳税人的钱为老百姓盖了几间房，就心安理得地接受人民的跪谢，这成何体统？报上登的是一把跪着接过的新房钥匙，而这恰是我们解开执政理念的一把思想钥匙。

下跪人与受跪人之间是什么关系？是下对上、晚辈对长辈、奴才对主人、受施者对恩人。所以有子女跪父母、学生跪老师、仆人

《新京报》2009 年 7 月 1 日配图

跪主人，而从没有反过来跪的。即使这样也是封建遗风，民主社会任怎样地感激、崇敬，有话尽管说，也是不必下跪的。21 世纪的今天，忽然冒出一幕小民下跪的镜头，并登之于报，能不让人大呼怪哉？这镜头里透出的显然是民在下，官在上；民为子女，官为父母；民为受恩者，官为施恩者。这一跪就是人格问题、道德问题、政治问题。跪者不自爱，受者不警觉，时代大倒退。自辛亥革命推翻封建体制已 98 年，马上就要一个世纪，封建残余还如此顽固，正应了孙中山那句话："革命尚未成功，同志仍需努力。"问题是我们从建党那一刻起，不，从建党前"五四"时期的思想准备阶段算起，就高举民主、平等的大旗，以后为此又不知付出了多少牺牲。现在掌权既久，怎么倒淡忘了初衷？我们不是常说自己是公仆、是人民的儿子吗？假如父母向你下跪，那是什么滋味？

突发之事最见真感情、真水平。这件事是考验我们执政理念的试金石。虽然报上说领导赶快去扶下跪的群众，但我怀疑其内心仍有一种以恩人自居，受人一跪的窃喜。要不，为什么不当场严厉批评，坚决制止，并不许登报呢？当年彭德怀保卫延安，转战陕北，屡建奇功，一次开庆功大会，彭一进会场，看到主席台上挂着他的头像，便勃然大怒，说："还不快把那张像给我撕下来？"这是真谦虚，动真情。如果这件事能像当年彭总那样处理，坚决制止，并仔细讲清道理，岂不传为美谈？如果报纸报道出来，是多么生动的一场立党为公、执政为民的现场教育课？说不定还是一条得奖好新闻。

我还想如果毛泽东在世碰到这件事，他一定又要写一篇新版的《为人民服务》。大意是：我们共产党的干部是彻底为人民利益工作的。我们为了一个伟大的目标，已经走了88年，走过了建国，走过了改革开放。我们为人民办了许多好事，但是还不够，还要办得更多一些。因为胜利人民会感谢我们，但我们千万不可骄傲。今天，我们只不过为人民盖了几间房子，发了一把钥匙，就弄得百姓来向我们下跪，这值得我们深思。这说明我们还没有真正弄懂党和人民的关系。只有这个问题解决好了，我们的事业才有希望。

（人民网 2009 年 7 月 7 日）

对领袖人物不要称爷爷

政治就是“一大二公”：是国家大事、公家的事。讲政治就是要分清大小，分清公私。大事不能乱，公私不能掺。报纸宣传犹要注意。一些细节，虽一时无大碍，但潜移默化，事关规矩。社会运转自有一套大规矩、大程序，是公共程序。在这套程序中，从国家领导人到平民百姓各有定位，各尽其职，各尽其责，这就是政治生活。政治是严肃的，惟其严肃，才有效率。政治生活之外，还有人情、人伦的私生活，但两者不能混淆。北宋名臣富弼出使辽国，一走数月。有人捎家书来，他不拆，直接放灯上烧掉，曰：徒乱人心。当此时也，他如无家、无妻儿，只有使臣身份。我们一些报纸，一些记者，常用孩儿语、私家情去写严肃的政治，弄得不伦不类。如报纸上报道孩子们对国家领导人的称呼常用“爷爷”。到过“六一”儿童节，整版通栏大标题喊爷爷。个别稿子，可以动笔改一改。但对这种风气，便只有认真向有关部门反映，提请研究改正。下面是我当时写给中央有关部门的一封信，并得到重视，已通知各媒体注意改正。

某某同志：

您好！

最近的“六一”报道中，许多报纸提到孩子们对国家领导人称呼时都用“胡爷爷”、“温爷爷”等，以前也有这种情况。我觉不妥。一方面欠严肃，另外，也涉及未成年人教育的一个问题。从晚辈尊老的角度讲称爷爷当然是对的，但更重要的是要从小培养孩子们的国家意识、领导人意识和社会观念。一个看似简单的称谓，实际上是在潜移默化地对孩子进行爱国主义和宪法、法律的启蒙教育，是个政治问题。孩子一懂事，除了让他们懂得家庭、亲情、尊老爱幼外，还要逐渐让他们懂得自己是生活在社会上和国家中，这样才会有责任感和纪律性，进而有爱国心。像“主席”、“总理”这样的职务是代表国家的，在媒体上的公开宣传报道中还是称职务好，比较严肃。20世纪幼儿园、小学里教育孩子也是称“毛主席”，而不是称“毛爷爷”。我们提倡党内称同志，但在报纸上对国家领导人还是称职务好。

不知妥否，谨供参考。

（2005年6月5日）

让鲜花与爱心一起绽放

——记抗击非典战斗中的全国公安民警

郭林　郭贝　张涛

人民公安爱人民。面对着非典这场突如其来的灾害，有着170万人的人民警察队伍卓然挺立，他们用辛劳和汗水、热血与生命，让鲜花与爱心在2003年的春天里一起绽放。

据统计，从4月15日至5月21日，全国公安机关查处与非典有关的造谣惑众、制假贩假、哄抬物价等案件8900余起，协助卫生部门实施隔离观察，出动民警110万人次，协助排查流动人口3400余万，疏导由非典引发的阻断阻塞交通事件778起……

"我是所长，我先上！"

4月16日，内蒙古呼和浩特市公安局回民分局新华西街派出所，接到内蒙古附属医院来电紧急求援："一位非典患者死亡，可他的家属阻挡不让处理尸体！"话筒里传出的声音又急又亮。

这是呼市因非典而死亡的第一起病例。所长翟慧民知道非典的传染性很强，也知道处置这样的事情，绝对需要一些必要的防护措施，可当时所里什么防护用品都没有。警情就是命令，不允许有半点耽搁犹豫。他抓起桌上的帽子，说："教导员，我们走。"仅两分钟，翟慧民与教导员王艳荣和民警哈敏华3人便赶到了医院。"不行，你们这样太危险了！"一位医生看到他们三人除了一身警服，什么防护用品也没有，死死拦在了他们面前。翟慧民急了："让尸体再停留下……

北京市东城区民警在给医护人员的联络卡片上写道："请及时拨打我们的电话，把危险留给我们吧！"

人的生命只有一次，当必须在职责与生命之间作惟一选择的时候，在人民警察心中，职责永远重于泰山

我们决不辜负党和国家的关爱期望

少儿代表和少儿工作者学习座谈胡锦涛给小记者的复信

本报北京6月1日讯　新华社记者曲志红、本报记者张建玲报道："这是我们一生中最难忘的儿童节"，《中华小记者》的7名小记者"六一"前夕收到"最激动人心的节日礼物"——中共中央总书记、国家主席胡锦涛的回信，从中真切感受到温暖的关怀和深厚的期望："我们一定会把胡爷爷的教导和祝福，带给我们的同学朋友，和他们一起学习胡爷爷的信，在抗击非典的磨砺中健康成长，让祖国的明天更加美好！"北京35中学的李晶说出了7名小记者的"心里话"。

给胡锦涛写信的7名小记者，分别来自北京的6所中小学校。胡锦涛在繁忙的国事中，逐一阅读他们的来信并写了回信，让这7个孩子既惊喜又感动，也让全国的少年儿童感受到党和国家对他们的关爱。

6月1日下午，团中央全国少工委、全国妇联和中国记协中华小记者杂志社联合举行"学习贯彻胡锦涛总书记给小记者的复信"座谈会。与会少年儿童代表和各界人士认为，胡锦涛给小记者的复信，字里行间饱含着党和国家在非常时期对少年儿童的健康、生活和学习的惦念，饱含着对全国少年儿童经历磨练和锻炼，进一步坚定爱国信念，树立远大志向的鼓励。

"这是以胡锦涛为总书记的党中央对少年儿童的亲切关怀和殷切希望，对今后做好少儿工作意义重大"。全国妇联书记处书记李秋芳，团中央书记处书记、全国少工委常务副主任赵勇等在座谈会上发言，要求各级少先队组织和少儿工作者，认真学习胡锦涛复信精神，充分利用抗击非典的契机，在少年儿童中大力培养和弘扬民族精神，培养良好生活习惯和文明健康的生活方式。

来自各地的优秀少先队员、优秀少先队集体和优秀辅导员的代表，北京抗击非典一线医务人员子女的代表等也在座谈会上纷纷发言。北京市十佳少先队员、北京师大二附中的王帅同学用一句话说出了全国少先队员的心声："胡爷爷，我们决不会辜负您对我们的期望，今天学习我努力，面向未来我能行！"

胡爷爷给我们回信啦！

张建玲　周晓华

5月15日，他们一笔一画写出的"心里话"寄出了。随信寄出的还有7个孩子忐忑、期盼的心。他们也担心："胡爷爷那么忙，会抽出时间看我们每个人的信吗？"但他们更多的是信心："从电视上……

"胡爷爷来信了！"中国记协中华小记者编辑部里一片……

危难时刻看干部识人才

张金豹

在万众一心抗击非典的危难时刻，人们为那些舍生忘死的共产党员所感动，也为那些尽职尽责的人民公仆所感动。许多群众称赞身边的党员干部"是我们的主心骨"。一句朴实的话，说明一个道理，群众认识和评价干部，不仅看他们怎么说，更看他们怎么做；不仅看他们平时的言行，更看他们危难时刻的表现。

疾风知劲草，危难识英雄。越是危急关头和关键时刻，越能识别干部，越能考验干部。这是干部工作的一条重要经验。白色恐怖的日子，面对血腥屠刀；你死我活的战场，面对枪林弹雨；天灾人祸降临，面对生死抉择；等等，都是危难关头、关键时刻。这场突如其来的非典疫情，严重威胁着人民的身体健康和生命安全，也是危急关头、关键时刻。这样的非常时期，是对党员干部的特殊考试，是对领导干部品德才能的实际检验。

关键时刻看干部识人才，怎么看？看什么？

看政治素质强不强。抗击非典，事关重大。胡锦涛同志向全党和全国人民发出号召："我们要大力弘扬……

南京重大项目投资洽谈会将举行

郑州：整治城乡环境卫生

石家庄：革除陋习清理卫生死角

讲文明讲卫生讲科学树新风

刘仁保同志逝世

明天天气预报

国家气象中心

世界主要城市天气预报

全国部分旅游景区天气预报

创作之风

肢体导演张艺谋

从来没有说过电影方面的事，因为是外行；更没有敢议论过张艺谋，因为他是大人物。但最近，张艺谋自己为他的《三枪拍案惊奇》（以下简称《三枪》）实在闹得动静太大，占住电视屏幕，总在你眼前晃，晃得头晕。就想说几句。并不全关电影，也不关他个人。

为了给《三枪》作广告，张艺谋表扬他的演员，特别是小沈阳。说他们的长处是肢体表演，比如要表现"恐怖"，一般电影演员是用面部的心理表情，十几秒钟。而小沈阳他们能用全身的肢体，摔倒、爬滚、哆嗦、抽搐、歪眉斜眼、屁滚尿流。十秒的表演可以扩到十分钟。他自以为这种表演和导演手法是新的艺术高峰，其实是掉进了黑洞。张的这段自白可以看作是解读他的电影的钥匙。这几天电视上不断展览《三枪》的拍摄花絮，张亲自演示怎样踢屁股，要求像足球射门那样踢，把腿抡圆，一次不行，两次，直踢了七次。于是银幕上就满是横飞的肢体、鼻涕眼泪的脸、忽斜忽圆的眼、黑白的阴阳头、变形的胳膊腿……猛看就像毕加索的那幅《格尔尼卡》的扭曲画面。

从表情走向肢体动作，这是进步吗？是退步。"二人转"作为一种底层民间艺术，原来的缺点有二。一是粗了一些，主要是动作的夸张粗野。二是脏了一些，互相调骂的太多，行话叫“脏口”。约20年前，我曾专门到吉林，在一个地下表演厅看了一台原始的“二人转”，要硬着头皮看。赵本山的功劳正是对这两方面进行了改革，救活了“二人转”，加进了审美。张艺谋不吸收现在的阳光，反而去挖掘过去的裹脚布。张也曾有过好作品，如《秋菊打官司》、《一个都不能少》等，记得他当时说过一句话：自己叙述的功力不够，拍《秋菊打官司》是为补课。新闻和电影本来是不搭界的，但我当时很为他的这种艺术追求所感动，就到处给青年记者讲，写新闻也要学张艺谋这种苦练叙述的基本功。可惜，我们认真学了，他却浅尝辄止。再一细想，他恐怕始终也没有走出“肢体热”的怪圈。他后来热心搞大型的《印象》，动辄百人、千人，真山水，声、光、电，那就是一种多人运动的大肢体戏。记得在桂林看《刘三姐印象》，气势虽大，但怎么也找不回当年歌剧和影片的美感，而现场倒是催生出了一个怪产业：卖望远镜。观者都传，远处船上的女演员是裸体。不管怎么样，在肢体上做文章，恐怕不是艺术的出路。前几年，作家中曾出现过所谓身体写作的美女作家，网上有木子美、芙蓉姐姐之类，虽有点噱头，但并没有什么大成。当然，张艺谋不会走这么远，但也难说。因为《三枪》炒作的关键词是票房！票房！为了票房价值什么不敢牺牲？况且，玩庸俗本身也会上瘾，就像吸毒、赌博一样。

张艺谋说拍这个戏是为搞笑。搞笑是艺术吗？就算是，也是艺术中的皮毛。说到底，艺术要给人以美感。人除了物质需求之外，其精神文化需求有六个档次，由低到高分别是：刺激、休闲、信息、知识、思想、审美。搞笑属于刺激这一档，是最低档。刺激是一个巨大的精神需求黑洞，它甚至超过了其他五个档次，因为人由动物变来，有原始性、粗野性。如果不加限制，刺激性的精神产品就有无边的可怕的市场。这就是为什么我们总在“扫黄”，却不可能完全扫净，但又还得不停地扫。在《三枪》的宣传推介中，出品人居然在电视上大声喊，不管评价多么不同，只要有人看，能卖钱就行。我们关于精神产品的管理不是一直坚持“两个效果”的标准吗？即市场效果和社会效果。现在怎么自打嘴巴了？这时就不讲政治了？如果要更刺激、更赚钱、更市场一点，把赌场和妓院也开放了岂不痛快？黑格尔的《美学》，比较艰深难读，但他说出一个简单的道理：人与外部世界的关系，有两种，一种是狭窄的庸俗的欲望关系，另一种是对艺术品的审美关系。“人们常爱说：人应与自然契合为一体。但是就它的抽象意义来说，这种契合一体只是粗野性和野蛮性，而艺术替人把这契合一体拆开，这样，它就用慈祥的手替人解去自然的束缚。”（黑格尔：《美学》）社会为什么敬重艺术家？是因为他们那慈祥的手。张艺谋的手似乎并不慈祥，他的作品中总是留恋原始、粗野和野蛮，乐此不疲。总喜欢把戏往下半身导。在高粱地里做爱，给烧酒锅里尿尿，打架斗殴踢屁股。就是秋菊男人被村长一脚踢伤，踢的部位也必须是生殖器。这次的《三枪》又是仔细展示怎么偷情，再加凶杀。这些当然刺激，如黑格尔说的也能“起欲望”，也搞笑。但作为一种艺术方向，总这样搞笑下去，这个民族还有什么希望？如果当初我们的唐诗、宋词、元曲也这样一路搞笑过来，现在我们的文化会是什么样子？不是说艺术不能搞笑，但艺术的方向和本质不是搞笑，尤其它的代表人物不能以搞笑为旗、为

张艺谋导演电影《三枪拍案惊奇》海报

业。我们所有的作家、音乐家、画家、演员、导演等艺术家，都应该有一双慈祥的手，为社会、为观众慈航普度，而不是玩弄和亵渎他们。艺术家啊，听听黑格尔老人的劝告吧，看看你的手，是慈祥的，无力的，抑或是罪恶的?

一个有修养的艺术家惜名如金，珍惜自己的艺术生命，绝不推出水准线以下的作品。米开朗琪罗从不让人看他还没有成功的作品，一次朋友来访，只看了一眼旁边正创作中的雕塑，他就假装失手，油灯落地，周围一片黑暗。吴冠中怕自己不满意的作品流传于世，竟自己点火烧了一大批画。孙红雷刚在《潜伏》中有了一点好名声，竟去接这样的烂片。童子无知，导演欺人。看来一个演员要修到不让导演误导，不被人倒着演，还真不容易。导演这个名分是随便就敢担当的吗？他不只是导戏，他还导人，导社会的审美趋向、价值观念、道德风尚，导民族精神，导青少年的未来。所以我们一向把为社会做出贡献的文化人与救亡图存的民族英雄一样看待，如鲁迅、老舍、巴金等。现在，社会捧红了一个大导演，他却不知自爱，对自己不负责，对演员不负责，对观众不负责，怎能叫人不伤心？或者他原来就没有读几本书，现在又忙于搞笑，不读书，认识水平实在上不去，但文艺研究部门谁来导一下这个导演？不妨到电影学院去看一看，除了“肢体表演”，有没有开美学课、政治课？我奇怪，每年贺岁片一出，总是说“票房、票房”，“当日票房”，却没有人出来讲一点艺术的规矩。也许是因为出不起广告钱，媒体不给他们话语权。于是只剩下写博客了。尽管电视上不断地“老王卖瓜”，网上一位“80后”作家还是说他只能给《三枪》打一分。这一点认识倒是“老少咸一”，看来艺术还不会绝种。

［《人民日报》（海外版）2009年12月24日］

文化贴牌是自杀

前几天张家界忽将自己最著名的景点“南天一柱”改名为“哈利路亚山”。原因是美国人拍了一部电影《阿凡达》，景区就慌忙把祖宗留下的真山改为电影里虚幻的山名，还自我壮胆说，这不是崇洋媚外，是为了发展旅游。这多少有点像一个贪官在外面包了二奶，又连忙解释，我真的是为了爱。在网民的强烈反对下，这个闹剧虽然收场，但还是给我们留下了文化思考。

这件事不由使人想起国门打开以来的“更名热”。商品改名，民族工业中许多著名品牌不见了；人改国籍，去年曝出一部《建国大业》电影中有众多中国明星原来已不是中国人。现在却要轮到中国的名山大川换洋名了，如此下去什么不能改？只怕长江要变成亚马逊江，泰山要变成阿尔卑斯泰，老子、孔子也改作老乔治、孔耶夫了。

记得改革开放初，民间戏将老歌词“帝国主义夹着尾巴逃跑了”，改为“挟着皮包回来了”。这不奇怪，同处一个地球，本来就是国与国之间的你我竞争，发达国家或经济攻势，或文化攻势，都是允许的，虚心学习也是应该。当年中国积贫积弱，高喊要自立于世界民族之林，现在我们早已主权独立，最近传来的消息经济实力也跃居世界前列，但还有一个“自立”没有彻底解决，即精神自立、文化自立。外国人说：中国能出口电视机，但出口不了电视节目。张家界更名一事正透出了国人在文化方面缺乏自信。湘西一带，人文有贺龙、沈从文、黄永玉等，自然风光世界独一无二。现在巍巍秀峰，铮铮石岩，却要弯腰去俯就一部外国电影，一个一关电源就什么也没有的虚影子。更何况，那电影就是在张家界采的景。就像《红楼梦》里的元春，本来就是贾家的姑娘，才嫁到宫里没几天，再回娘家，全家人就要下跪。这是一种文化的自卑。明天英国、法国、日本再来拍一部电影，你改名不改？

向来，改用外来地名，大多是政治原因。如英国殖民者到处命名“维多利亚”。在那些人迹未到的地方，探险者总是抢先命上本国名字。最近我们终于出版了一本中文命名的南极地图，宣示了我们的科学探险能力。还有一种情况是为了友谊，也是政治需要，如解放初个别城市的“斯大林大街”，现在还在用的“白求恩医科大学”。从来还没有听说过把自己的名牌山水又贴上一个外来地名去发财的。恐怕钱还没来，异化的名字倒先引来消费者的反感。

一个民族的独立、兴旺、发达，要靠武力强大、经济独立，更要靠精神自立。我们这个民族始终有坚强、勇敢、自信的一面，从文天祥的“天地有正气”到共产党人的自力更生。但也有奴性残余的一面，鲁迅当年就曾为此终身战斗，可惜还是劣根难尽。一个没有了自立意识、自立愿望的人还侈谈什么发展产业。在商品生产上靠贴牌销售终归没有出路，在文化产业上贴牌更是一种自杀。

事实上，张家界景区改名的做法已遭到国民的反对。据湖南本地红网，外地凤凰网、环球网做调查，反对者分别达70.94%、82%、91.9%，国内媒体一片批评。事后，当事者解释说是为促销，是民间所为。但不管怎么解释，以一座标志性的名山来试刀，这总是干了一件蠢事，这说明乱改洋名这根神经碰不得。

张家界本来是一处发现较晚，大自然为我们保存较好的原生态景观，也因此获得世界自然遗产的殊荣，祖宗有功，湖南有幸，自应珍重。前几年张家界曾因无序开发，乱建宾馆、电梯，为了“申遗”又不得不强行拆迁。那一次“土折腾”，余影犹在，现在又来了一次“洋折腾”。胡锦涛同志在纪念党的十一届三中全会召开30周年大会的讲话中用了“不折腾”这个词。希望重读一下讲话，真的少来一点折腾。

（《人民日报》2010年2月5日）

题为根干，戏为枝叶

每年的春节联欢晚会都是全国上下同时盯着一个荧屏。一台晚会要适应12亿人的胃口，确实很难，大约编导也意识到这一点，于是就把它定位在玩、乐、逗这些浅层次上，以为这样就可以人人接受，人人发笑。不想这正是大弊所在，就像怕孩子看不懂大人的节目，就干脆连大人带孩子一起都轰进儿童剧院里。

晚会的主持和演员是几个几年，甚至十几年不变的旧面孔，语言也老是那几句拜年的话。应该说这些明星在前几年的春节晚会上也曾留下过不可磨灭的光彩，但观众为什么总是不满意呢？主办者经常怪观众期望值太高，而没有去想是自己的戏太浅。这浅就浅在有“戏”无“题”，就像应景作文一样，没有找到一个好题目。晚会的编导只着眼在“玩”、“闹”、“笑”，却没有去研究这笑的源头在哪里，该有什么样的笑。这就决定了这台戏不可能深了。本来明星们都是一上台就自带三分戏的老手。但是一个戏必得有所附着，必得围绕一个主题。这个题就是今年群众心中的焦点、热点。节目要能打动人心，要有分量，必须来自生活。题之不存，戏将焉附？而且作为时令性的、节日性的晚会，每年的焦点肯定不同，要耐心捕捉。这一点，主管部门、导演、编剧都没有意识到，没有将之作为指导思想。而凡成功的节目都是暗合了这个规律的。当年黄宏、宋丹丹演《超生游击队》，有一个计划生育的主题；黄宏与侯跃文的《打扑克》，讽刺了官本位、公司满天飞等。都是成功之作。戏借题势，题助戏威，要想出效果就得先有一个好主题，再加上好演员，才能满台生辉。演戏、演戏，观众明明知道戏是假的，但他还是要看，他是想通过假戏看真实的生活，看他关心的那个“题”。题为根干，戏为枝叶。无根之戏，浅如浮萍，再好的演员也演不出效果。

诚然，春节晚会的主要效果是笑，是乐。但一切引人发笑之作都要有一个深扎于生活中的根，不管是悲剧之笑，还是喜剧之笑。鲁迅笔下的阿 Q 可笑，那是对民族中落后一面的深刻讽刺，是悲剧的笑。20 世纪 60 年代有一首非常流行的《逛新城》，老阿爸见到电线杆，唱“为什么树上挂满蜘蛛网”，这是一种喜剧式的笑。当然街上有人滑了一跤，也能引起旁边人的哄笑，这是闹剧的笑。可惜，我们的电视上常取第三种笑法，闹剧太多。剧本，剧本，一剧之本，演员没有一个好本子可“本”，没有一个好题目来供他发挥，只好使出浑身的解数来扭捏。也许在直播现场观众会陪个笑脸，但电视机前的观众就不买账了。说到底还是一个挖掘生活、提炼主题的问题。我们的电视节目何时才能更深一点、美一点呢？宋人咏梅诗曰：“有梅无雪不精神，有雪无梅俗了人。日落时节天又雪，与梅并作十分春。”依其意戏成一首：有题无戏不精神，有戏无题俗了人，能将假戏传真情，艺术才得十分春。

祝明年晚会成功。

（《中国艺术报》1996 年 2 月 28 日）

砍的不如旋的圆

“砍的不如旋的圆”，这是我家乡的农民常说的一句俗话。意即你办事要开窍，不要用死力气。用现在的话说，要减少盲目性，跳出误区。比如你要做一个木球，可以用斧子慢慢地去砍，但总不如在旋刀下飞快地一旋，便又光又圆。我在孩童时就听到这句话，现已过花甲之年还常常想起，可见真理总是颠扑不破，历久弥新。

过去我当记者时经常碰到一些热心写稿的通讯员，他们几十年如一日地写稿、投稿，甚至不远千里来报社送稿，但命中率极低。有的虽已白发苍苍，还是乐此不疲。后来又碰到一些多少有点权力的干部将自己的讲话、随感、日记，甚至文件汇集，一本一本地出书，以为这样就有政绩，有名气。这正是用斧子砍制一个木球。

砍和旋到底有什么不同？其实就是跳出自我，敢于革新。就隔一层窗户纸，捅破之后就是质的飞跃。

由砍到旋首先是方法的革命。成语“绳锯木断，水滴石穿”，这是讲意志、恒心，你真的用绳锯木、水穿石，这要等到何年何月？方法不变，隔靴搔痒。往大的说，工具和方法是生产力，推动着社会的进步。马克思说："手推磨产生的是封建主的社会，蒸汽磨产生的是工业资本家的社会。"（《哲学的贫困》）往小的说，工具和方法是一个人取得成功的助推器，是他的生存力。

其次，由砍到旋是知识的跃升。你为什么只知道闷头砍？是因为你没有新知识，抱残守缺，还自鸣得意。如计算一道天文数字的大题，人家用计算机算，你却用手算、珠算，因为你根本就没有这方面的知识，只能这样。在别人看来很无聊的文字你却在津津有味地写，因为你没有这方面的审美知识，不知道什么叫好，总在一个低标准上重复。

最后，由砍到旋是规律的掌握，是从实践到理论的飞跃。一个掌握了规律和理论的人一下子就能从根本上判断出这件事该干还是不该干。历史上不知有多少人痴迷于制造永动机，而科学家只须用"能量守恒"四个字就可将此事判了死刑。

"砍"与"旋"，这是两个截然不同的阶段，如要跨越必得有"惊险的一跳"。

我们曾有过因"砍"而败的惨痛教训。"大跃进"的失败是用战争的方法，来"砍"经济建设；"文化大革命"的失败就是用革命党的理论来"砍"执政。就是现在也有许多事还沉缅于这种"砍"的盲目和自豪之中。据统计，我国每年拍 1.4 万集电视剧，而能播出的不到四分之一，每年出版 4 300 部小说，人们能记住的又有几何？再说到每年的会议、报告、文件就更是一个天文数字。废品之多、废话之多，群众早已经看得发笑了，但还是乐此不疲，继续耐心地"砍"制一件皇帝的新衣。

为什么总是跳不出保守、封闭的误区？原来除方法、知识、理论之外还有一个更严重的障碍，就是太追求功利，自欺欺人。这样说来，砍与旋又不只是一个方法问题，这背后又有价值观、人生观在起作用了。

无论是一个人还是一个团体，最难的是跳出自我。

（《人民日报》2012 年 9 月 4 日）

为文要认真，模糊不是美

如果说作者写稿第一是要把话说清，那么，编辑编稿第一是要把稿看懂。看出它的精彩，更要能看出它的毛病，好着手矫正。字词，在作者和编辑手里就像化学家手里的分子、元素，排列组合不同，效果也就大不同。文字工作最基本的要求是准确，准确用词，准确造句。最忌讳的是靠“大概”来编稿，把一些含混的似是而非的东西，误认为是“模糊美”，迷迷糊糊地自我欣赏，自我陶醉。请看下面的这一首诗。该诗发在党的十六大召开前夕，是想歌颂党的，但客观效果大谬。

多少情合靠意投

——写给党的十六大

天下喜雨
地涌激流
中国的岁月盼金秋

荔枝红了
谷穗黄了
大江两岸话丰收

老人笑颜
孩子乐容①
青春纵情舞彩绸

鞭炮急飞
锣鼓猛打
唢呐扫除人间愁②

酒不醉人
人都醉了
举杯邀盏空中月③
真真能解画中游④

深情沃野
葵花向日
坚定不移跟党走
多少情合靠意投⑤

海上白帆
万山红色
人心多久
激情多久

目标锁定
意志不衰
我盼此时已多时
更喜神州风杨柳⑥

不灭落日⑦
白云苍狗⑧
已将我身向青翠⑨
党的不朽
人民的不朽……

（《人民日报》2002年11月12日）

［评注］

①“孩子乐容”。“乐容”是什么意思？费解。可能是欢乐的容颜，但不能简成乐容，生造。

②“唢呐扫除人间愁”，这里就出大错了。庆贺十六大召开的唢呐怎么要扫愁呢？十六大召开的时刻是全国的大喜时刻，而且十六大前许多年，中国人民也是胜利连胜利，有何愁之扫？这首诗如果是写在1949年新中国成立之庆，1976年打倒“四人帮”之庆，可以说“扫除人间愁”，而十六大召开之时扫愁岂不是对时局不满？

显然作者是为了凑韵脚。

③“邀盏空中月”。“月”怎么是论“盏”呢？显然模糊地记得李白有句“举杯邀明月”，就往上堆吧。

④“能解画中游”。谁解谁的画中游？就算是作者画中游吧，与庆胜利也是两张皮。

⑤“多少情合靠意投”。“情合”、“意投”是同义关联，没有因果关系。正如不能“多少‘如饥’靠‘似渴’”。再从内容上说，群众和党的关系也不是一对情人啊，怎么能以情合意投相比？

⑥“风杨柳”为何物？大概是风吹杨柳，从上句连读，政治大目标和风吹杨柳何干？

⑦“不灭落日”。又要出政治问题了。作者本意可能是想将党比作太阳，正当十六大召开这个太阳又怎么成了“落日”？“落日”又怎么冠以“不灭”？从字面理解，这个太阳在西天边永远将落不落、气息奄奄。无论是概念还是逻辑都乱得一塌糊涂。

⑧“白云苍狗”。语出杜甫：“天上浮云似白衣，斯须改变如苍狗。”是说天上白云瞬间的变化，一会儿如白衣，一会儿又变成黑狗，后喻世事变化莫测，用在这里想说什么？

⑨“已将我身向青翠”。不知何云！

一共 33 行诗，有 9 处硬伤。语言、语意之混乱实在少见，不知一路怎么走到版面上来的。

这个例子说明一个最简单的道理。编稿一是态度要认真，二是文字功力要扎实。不能朦朦胧胧地编，误把含混当美感。

（在当天下午评报会上的发言）

"一国两制"祖国统一的最佳方式

本报记者　孙立极　吴亚明

在新世纪中国共产党首次召开的全国代表大会上，十六大代表认真讨论江泽民同志所作的报告，回首香港、澳门的顺利回归，谈起"一国两制"的成功实践，无不心潮澎湃，信心满怀。

许多代表说，国家统一、民族复兴，这是海内外亿万中华儿女的共同心愿，是中国共产党人的不懈追求。党的十三届四中全会以来，以江泽民同志为核心的党中央，坚持"一国两制"方针，祖国统一大业取得了重大进展。我们成功解决了香港问题和澳门问题，正在为早日解决台湾问题、完成祖国统一大业而继续奋斗。放眼未来，有党的正确领导，有"一国两制"在香港和澳门的成功实践，我们对早日实现祖国的完全统一充满信心。

中华儿女执着追求

一部中国近代史，写满了被侵略、被宰割、被凌辱的字眼，也谱写了中国人民为维护国家独立和民族尊严而英勇奋斗的壮丽诗篇。在中国共产党的领导下，中国人民经过28年的浴血奋战，建立了新中国，除台港澳地区外，五星红旗在神州大地高高飘扬。

从新中国成立的第一天起，中国共产党就把实现祖国统一作为自己神圣的使命，并为之作出了种种努力，为国家统一大业的完成奠定了坚实的基础。

为求"一国"之大同，敢存"两制"之小异。在改革开放的新时期，邓小平同志以共产党人的宏伟气魄和非凡胆识创造性地提出的"一个国家，两种制度"的构想，虽然是针对台湾问题提出的，却首先成功地运用于解决香港问题和澳门问题。

党的十三届四中全会后，以江泽民同志为核心的党中央毅然承担起前人未竟的事业。1995年农历除夕，江泽民同志代表中国共产党和中国政府发表了《为促进祖国统一大业的完成而继续奋斗》的重要讲话，提出了现阶段发展两岸关系、推进祖国和平统一进程的八项主张。八项主张的第一项便是："坚持一个中国的原则，是实现和平统一的基础和前提。中国的主权和领土决不容许分割。"中国社会科学院台湾问题研究所副所长余克礼说，"这项主张成为新时期两岸关系发展的立足点，它明确了台湾作为中国的一部分不可动摇的坚定立场。"

近年来，在台湾当局的庇护、纵容下，台湾岛内的分裂主义势力日益猖獗。鉴于"台独"分裂分子一直试图利用各种手段，甚至勾结外国反华势力，否定一个中国原则，党中央多次郑重宣告："中国共产党和中国政府决心用一切手段维护祖国的主权和领土完整。任何外来的或内部的分裂中国的图谋，都注定要失败。""我们的斗争是维护还是分裂中国主权和领土完整的斗争，在这个问题上没有回旋的余地。"

随着香港、澳门的回归，两岸关系的发展变化，实现祖国的完全统一已经提上党的事业的重要日程。1997年，党的十五大报告将推进祖国和平统一列为专章，进行了全面系统的阐述。这是自1979年提出和平统一的对台方针后，在党的全国代表大会上第一次专门阐述祖国和平统一问题。2000年10月，十五届五中全会把完成祖国统一正式确定为新世纪的三大任务之一。在十六大的报告中，江泽民同志庄严地指出："国家要统一，民族要复兴，台湾问题不能无限期地拖延下去。我们坚信，通过全体中华儿女共同努力，祖国的完全统一就一定能够早日实现。"这一赢得经久不息掌声的宣告，充分表达了中国共产党人致力于祖国统一大业的坚定信念，表达了亿万人民的共同心声。

"一国两制"成功实践

"香港和澳门回归祖国，丰富了'一国两制'的理论和实践。事实证明，'一国两制'方针是正确的，具有强大的生命力。"参加十六大的代表中有许多人当年为了香港和澳门的回归付出了心血和智慧，他们对江泽民同志报告中的这一论断，感受尤其深刻。

在香港回归历程里记录着这样几个重要的日子：1990年春，酝酿5年的《中华人民共和国香港特别行政区基本法》正式颁布，以法律的形式落实了"一国两制"的构想。1993年7月，香港特别行政区筹备委员会预备工作委员会设立，经过大量调查研究，就香港政权交接和平稳过渡提出了46份建设性意见。1996年1月，香港特别行政区筹委会成立，各项筹备工作进入实施阶段。1997年7月1日，香港如期回到祖国的怀抱。

当时，美国著名杂志《财富》曾以"香港之死"的封面文章预言回归后的香港。1997年秋天，亚洲金融风暴席卷而来，以金融和地产为支柱产业的香港股市狂泻、楼市暴跌，这对担负起"港人治港"重责的特区政府来说，是个严峻的考验。经过周密的考虑，他们采取断然措施——强化港币与美元的联系汇率制度，将国际炒家赶出香港。与此同时，祖国大陆全力支持特区政府所采取的应对措施，保持人民币汇率稳定，成为强有力的后方保障。年轻的特区政府顶住了这场疾风骤雨。

为了香港的繁荣、稳定和发展，党和国家领导人曾经数度踏上南国的这块土地。今年7月1日，在回归5周年庆祝大会上，江泽民主席说："事实充分证明，'一国两制'是完全行得通的，董建华先生及其领导的特别行政区政府是具有驾驭复杂局势的智慧和能力的，香港人是完全能够治理好香港的。"

有了香港回归的成功实践，澳门回归十分顺畅。回归带给澳门的变化是显而易见的。曾经几乎每周都有一次枪击事件的澳门，有旧时代的美国西部之称。没有安定的社会，经济繁荣从何谈起。回归后，特区政府加强了对澳门治安的整顿，澳门警方与内地和香港加强交流合作，祖国大陆在警力培训上也给他们提供了有力的帮助。一年后，澳门已成为全世界最安全的旅游城市之一。安定带动经济回升，今年澳门经济有望实现5%或更乐观的增长。

"事实是最有力的证明。"一位长期从事港澳事务的十六大代表这样告诉记者，"饶有意味的是，曾经做出悲观预言的美国《财富》杂志，将新世纪首次全球财富论坛选址香港。今年4月和8月，美国国务院和欧盟委员会相继发表最新报告，对香港、澳门的高度自治给予肯定，一致认为'一国两制'政策在两地'运转良好'。"

历史潮流不可逆转

通过政治谈判解决台湾问题、实现两岸和平统一，是中国共产党和中国政府的一贯主张。十六大召开之际，也正是著名的"九二共识"十周年之际。1992年10月，在党的十四大报告上，江泽民同志代表中国共产党人郑重承诺："在一个中国的前提下，什么问题都可以谈。"1992年，海峡两岸关系协会与台湾海峡交流基金会作为授权的民间团体，经过协商，达成了各自以口头方式表述"海峡两岸均坚持一个中国原则"的共识。在此基础上，1993年海协汪道涵会长与台湾海基会辜振甫董事长在新加坡举行了会谈，即著名的"汪辜会谈"，两岸关系迈出历史性的一步。

1995年，江泽民同志在八项主张中，创造性地提出分步和谈："作为第一步，双方可先就'在一个中国的原则下，正式结束两岸敌对状态'进行谈判，并达成协议。在此基础上，共同承担义务，维护中国的主权和领土完整，并对今后两岸关系的发展进行规划。"但是此后，由于台湾当局领导人不接受一个中国原则，不承认"九二共识"，致使两岸关系风云变幻。

"维护祖国统一事关中华民族的根本利益。中国人民将义无反顾地捍卫国家主权和领土完整，绝不允许任何人以任何方式把台湾从中国分割出去。"对台湾岛内分裂势力的活动，党中央始终保持高度警惕，并展开了坚决的斗争。没有谁比历经磨难的中华民族更懂得和平之可贵，但在推进祖国统一的进程中，中国共产党从中华民族的根本利益出发，一直坚持不承诺放弃使用武力。党中央多次指出：这是一种战略考虑。因为如果一旦承诺放弃武力，只会使台湾分裂势力和外国干涉势力有恃无恐，加快分裂步伐，使和平统一成为不可能，最终导致用武力解决问题。

江泽民同志在八项主张中曾说过："中国人不打中国人。"在十六大报告中，他再次深情地阐明："两千三百万台湾同胞是我们的手足兄弟，没有人比我们更希望通过和平的方式解决台湾问题。""决不承诺放弃使用武力，不是针对台湾同胞的，而是针对外国势力干涉中国统一和台湾分裂势力搞'台湾独立'图谋的。""党的十六大报告涉台部分的阐述，充满了诚意、善意，充满了对台湾同胞的手足之情、骨肉之情。"不少代表都有这样的感受。

党中央一直强调不以政治分歧干扰两岸经贸交流。江泽民同志在八项主张中提出："要大力发展两岸经济交流与合作，以利于两岸经济共同繁荣，造福整个中华民族。"北京联合大学台湾研究所所长徐博东评价说："站在民族福祉的高度谈经贸发展，不计一党一己之私，显示了中国共产党人不但具有高瞻远瞩的智慧，还拥有宽广博大的胸怀。""三通"是两岸人民的共同愿望和利益之所在，多年以来，祖国大陆的有关方面做好了一切准备。近来，为了充分展现祖国大陆促进"三通"的诚意，又提出"三通"商谈不是政治谈判，不应受到政治因素的影响和干扰。只要不把两岸"三通"说成是"国与国"或"准国际"之间的"三通"，在"三通"技术性、业务性商谈中可以不涉及一个中国的政治含义。正是在这一方针的指导下，两岸经贸往来在风云变幻的两岸关系中才得以蓬勃发展。

祖国大陆在统一进程中所做的努力有目共睹，也完全符合台湾岛内"求和平、求安定、求发展"的主流民意。如今，岛内要求改善和发展两岸关系、早日实现"三通"的呼声日益高涨。岛内民意调查显示，去年年初以来，台湾同胞赞成"一国两制"的比率明显上升。

祖国的完全统一是不可逆转的历史潮流。在中国共产党领导下，通过全体中华儿女共同努力，祖国统一大业一定能够早日完成，一个统一、强大的中国必将屹立于世界民族之林。

历史已经证明，"一国两制"方针是正确的；历史必将进一步证明，"一国两制"是两岸统一的最佳方式。

题图：日月潭之晨　本报记者　吴亚明摄

繁荣新世纪社会主义文学

——听金炳华代表谈"文学"

本报记者　张贺

"江泽民同志在十六大报告中指出，全党同志要深刻认识文化建设的战略意义，要把弘扬和培育民族精神作为文化建设极为重要的任务。这为中国作家在新世纪的创作指明了方向。"十六大代表、中国作家协会党组书记、副主席金炳华认为，报告阐明了新世纪文化建设的战略意义和目标任务，对推动我国社会主义文化建设和社会主义文学的发展繁荣，具有十分重要的指导意义。

金炳华代表说，党的十三届四中全会以来的13年，一大批弘扬时代主旋律、反映改革开放的伟大实践、揭示社会矛盾、充满理想和激情的文学作品受到广大读者的欢迎；深入火热生活、把握时代脉搏、表现现实生活、反映人民心声，成为广大作家创作追求的主流；作协工作和自身建设也获得了长足进步，服务功能大为增强。新世纪、新阶段、新任务，要求中国文学界以"三个代表"重要思想统领文化建设，牢牢把握中国先进文化的前进方向，把弘扬和培育民族精神作为文学创作极为重要的任务，努力多出优秀作品、多出优秀人才，进一步发展繁荣社会主义文学事业，为全面建设小康社会、开创中国特色社会主义事业新局面提供强大的精神动力和智力支持。

金炳华代表说，我们正处在新中国成立以来最好的发展时期，这是一个需要产生也是能够产生伟大作家和伟大作品的时代。我们一定要认真学习江泽民同志的报告，在通读精读中深刻领会，在联系实际中全面贯彻。我们要努力全面贯彻"三个代表"重要思想，牢牢把握中国先进文化的前进方向；要把满足人民群众日益增长的文化需求，服务于全面建设小康社会这一大局，作为文学创作的出发点；要把大力弘扬民族精神，作为社会主义文学事业的重要任务；要坚持与时俱进，积极推进文学创新，鼓励和支持作家在艺术上进行大胆探索。

金炳华代表表示，今后作协将把培养青年作家、多出优秀人才、多出优秀作品作为中心任务切实抓好；要进一步增强作协的吸引力和凝聚力，努力为广大作家和文学工作者营造一个良好的创作氛围，推进新世纪我国社会主义文学事业的不断发展繁荣，为建设中国特色社会主义文化，为实现中华民族的伟大复兴，做出应有的贡献。

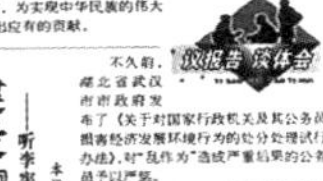

建设"责任政府"

——听李宪生代表谈"依法行政"

本报记者　吴兢

不久前，湖北省武汉市市政府发布了《关于对国家行政机关及其公务员损害经济发展环境行为的处分处理试行办法》，对"乱作为"造成严重后果的公务员予以严惩。

正在参加十六大的武汉市市长李宪生代表告诉记者："江泽民同志在十六大报告中指出：'发展社会主义民主政治，建设社会主义政治文明，是全面建设小康社会的重要目标。'建设社会主义政治文明，必须落实到各级政府的工作中，这就要求各级政府努力做到依法行政，建设社会主义新型责任政府。公务员不依法行政，必须承担相应的责任。"

李宪生代表说："依法行政是行政机关的管理理念、组织方式、人员构成、行政职能和行政制度等各方面的全面转变。当前，推进依法行政的首要任务就是要建设责任政府。"

李宪生代表认为，建设责任政府的当务之急是要抓好两件事：一是尽快建立健全政府责任体系，包括政治责任、行政责任、法律责任和道义责任。行政首长在政府工作出现重大违法、失职、滥用职权等情形时，应当负被罢免、引咎辞职或责令辞职的政治责任；公务员因违法失职、滥用职权、贪污受贿等行为要受到行政处分和刑事处罚；违法行政要承担相应的损害赔偿责任；行政机关和公务员因轻微违法失职或官僚主义等要承担向公民、法人赔礼道歉的道义责任。二是严格实施行政执法责任制。其核心是把国家法律、法规、规章设定的各级行政机关的职权统一规定为职责，以责任制约权力。

李宪生代表说，目前，武汉市正在逐步创造条件，探索把对政府及公务员的考核从主要考核经济指标转到主要考核严格实施法律、法规、规章，履行法定职责上来的新办法。这种考核将更加科学、准确、合理。我们要按照十六大报告的要求，进一步转变政府职能，改进管理方式，提高行政效率，形成行为规范、运转协调、公正透明、廉洁高效的行政管理体制。

多少情合靠意投

——写给党的十六大

陈景文

天下春雨
地涌激流
中国的岁月盼金秋

荔枝红了
谷穗黄了
大江两岸话丰收

老人笑颜
孩子乐容
青春狂情舞彩绸

踩鼓急飞
锣鼓猛打
唢呐扫除人间愁

酒不醉人
人都醉了
举杯邀来空中月
真真能解画中游

深情沃野
葵花向日
坚定不移跟党走
多少情合靠意投

海上白帆
万山红色
人心多久
激情多久

目标锁定
前进不息
我盼此时已多时
更喜神州风杨柳

不灭落日
白云苍狗
已将我身向青翠——
党的不朽
人民的不朽……

·　·　·

有一种思想

——献给党的十六大

张赞明

有一种思想
酝酿已久
它在南国的
早春里诞生
在北国的
秋天里成熟

有一种思想
它很富有
有高度
有深度
有广度
开放在三度空间
一个广袤的宇宙
封画最美的画图

有一种思想
既总结了过去
又对未来
傲然了要求
人民的利益
是我们的尺度
举什么旗
就走什么路

有一种思想
它如号角
正在神州大地上
嘹亮地吹奏
奏响了中华民族的
振兴进行曲
唤起了我们
不懈的追求

·　·　·

春风看意（国画）　金默如作

解放思想永无止境

——听吉林代表谈"与时俱进"

本报记者　张忠

"江泽民同志在十六大报告中提出，贯彻'三个代表'重要思想，关键在坚持与时俱进，核心在保持党的先进性，本质在坚持执政为民。坚持解放思想、实事求是、与时俱进，是我们党坚持先进性和增强创造力的决定性因素。必须使全党始终保持与时俱进的精神状态，不断开拓马克思主义理论发展的新境界。"在十六大小组会上，北京市委常委、政法委书记吉林代表说，对此，我们应深刻领会，认真落实。

在实际工作中怎样才能真正做到与时俱进？吉林代表认为，其一，要真正掌握辩证唯物主义和历史唯物主义的思想方法。其二，坚持与时俱进，需要具备足够的政治勇气。其三，要有开阔的眼界，及时了解世界发展变化的新动向。其四，要深入调查研究，掌握客观事物发展变化的规律，掌握时代对我们提出的新要求。

吉林代表说，解放思想、实事求是、与时俱进，这三者在本质上是一致的，都要求我们的思想认识要符合客观实际，而且要符合不断变化的客观实际。实事求是，是毛泽东同志总结了我们党建党以来的经验教训提出来的。解放思想是邓小平同志在当时的特定历史条件下，针对人们的思想实际、针对推进改革开放的时代要求提出来的，是对实事求是思想路线的发展。与时俱进，则是新的历史条件下我们党对思想路线的一次新的凝练和概括。解放思想、实事求是、与时俱进，使我们党的思想路线更全面、更丰富，脉络更清楚，时代感更强。

走进新时代

建设高科技新首钢

向民

江泽民同志在十六大所作的报告，极大地鼓舞了首钢集团的广大干部职工。他们表示，要认真学习"三个代表"重要思想，贯彻落实十六大精神，为全面建设小康社会、开创中国特色社会主义事业新局面做出更大贡献。

面对新世纪、新形势，面对加入世贸组织后的机遇与挑战，首钢如何发展？通过学习江泽民同志的报告，首钢党委深刻认识到，作为一家以国有经济为主的特大型企业，全面贯彻"三个代表"重要思想，为建设高科技的新首钢而奋斗，是党的事业赋予首钢人的历史使命，是首钢在新的历史条件下的必然选择。当前，国企改革正处在攻坚阶段，长期积累的深层次矛盾正集中表现出来。解决这些矛盾，必须从探索公有制与市场经济相结合的高度，解决首钢改革发展面临的各种问题，以强烈的政治责任感和高度的负责精神，把"三个代表"重要思想在首钢的全面贯彻落实作为第一位的政治任务。为此，首钢明确提出，必须实现并保持自身生产力发展的先进性，成为中国先进生产力发展要求的代表；要具有先进的工艺技术、运营体制、管理机制和先进的企业文化、高素质的职工队伍，成为中国先进文化前进方向的代表；作为国有企业，要最大限度地为党、国家和人民创造社会财富，成为中国最广大人民根本利益的代表。

"我们吃了定心丸！"

本报记者　聂井华

11月11日中午，在湖南省浏阳市文家市镇五神村港丰出口花炮厂厂长办公室，文家市镇党委书记黄文先与港丰出口花炮厂厂长丘元平正在交流学习江泽民同志十六大报告的体会。

丘元平说："听了这个报告，我像吃了定心丸。1987年，我开始在外面经商，逐步积累了一点资金，1998年办起了现在这个港丰出口花炮厂。办厂中，镇党委、镇政府、村党支部、村委会支持我，要地给地，路不好，帮我修路。现在，我这个厂有职工400多人，年产值1200多万元，去年发给职工工资160多万元，上缴税金280多万元，我个人的收入也很可观。但长期以来，我一直担心，不知发展私营经济的政策会不会变？听了江泽民同志报告里有'必须毫不动摇地鼓励、支持和引导非公有制经济发展'这句话，我心上的一块石头落了地！我决心根据国际市场需要，把厂子做大做强，把产品做精，做出品牌来，提高产品在国际市场的竞争力，为全面建设小康社会作出自己的贡献！"黄文先说："丘厂长，你要打掉一切顾虑，放下一切包袱，继续大胆发展你的企业。江泽民同志的报告提出了全面建设小康社会的宏伟目标，实现这个目标，要继续发展非公有制经济。你放心，我们镇党委、镇政府一定坚决贯彻十六大精神，鼓励、支持和引导私营经济的发展。今后，你遇到什么困难，我们一定千方百计帮助解决。"

丘元平说："这下，我更放心了！"

正本清源，重拾好风

政治之理

权与德

德是人的行为规范，“举头三尺有神明”。现实生活中每个人都有一种无形的道德约束，而官员又更多一层，这就是怎么用权，因为他比普通百姓拥有更多的权力。权对官来说有两重性。一是可以为百姓办事，服务社会；二是可以为自己谋私利，甚至欺压百姓。好官坏官由此区分而来。

官的政绩决定于他的能与德，但主要是德。有德无能至少不会办坏事，无德有能却可大大地办坏事。德是基础，是软实力，是一个无形的大磁场。所以中国封建社会初期汉武帝选官时首重德，举孝廉；隋唐开始科举考试，重能亦重德；到明清更总结出“公生明，廉生威”，出现曾国藩等这样的道德榜样，又回到道德上来。大凡一个政权，在开创之初，德和能都不成问题。替天行道，为民请命，自然大得民心，且自戒甚严，德风感天下。至于能，更是在战火中打出来的，无往不胜。而麻烦在于掌权之后，德渐松弛，能亦下降。1940 年 2 月 1 日毛泽东在延安民众大会的讲演中自豪地说边区有“十个没有”：“这里一没有贪官污吏，二没有土豪劣绅，三没有赌博，四没有娼妓，五没有小老婆，六没有叫化子，七没有结党营私之徒，八没有萎靡不振之气，九没有人吃摩擦饭，十没有人发国难财”。这“十个没有”确实反映了当时延安良好的党风、政风、民风，令人羡慕，使人向往。这种风气一直延续到新中国成立初期。周恩来“文革”之初到学校视察，就在学生食堂里吃饭，一个菜两角五分钱也要如数交上。中南海里开会，每个人主动交5分钱的茶水费。但现在生活好了，官员的“胃口”也大了，贪个千百万很平常。改革开放之后，第一个因贪伏法的省部级以上干部是江西省副省长胡长清，贪500万，2000年3月死刑；第二个是全国人大常委会副委员长成克杰，贪4 000万，2000年9月死刑。后来就多得数不过来了，数额也高得惊人。高官贪贿再多也大多只判个无期。虱子多了不怕咬，法不责众了。去年的公开数字，只外逃贪官卷走的钱有说5 000亿，有说8 000亿。高官贪，小官亦贪，辽宁省大连市检察院公布，大连一个居委会主任王仁财，职务在科级以下，2007至2009年期间贪污9 000余万元。此外还联同当地黑社会，犯下了多宗故意伤害、非法采矿、寻衅滋事等刑事案件，2011年12月21日被判处死刑。以至于出现这样的怪现象：小偷专偷贪官，网上流行“小偷反腐”一词。原因很简单：（1）贪官有钱；（2）是不义之财；（3）失主不敢报案。这样想来，小偷的“偷”倒是一种客观上的义举了，类似当年土匪的劫富济贫。而且因破小偷小案牵出不少大贪大案。成语“小巫见大巫”又多了一个姊妹词“小偷见大盗”。国之大盗，监守自盗。这还只是贪财之腐败，其余还有买官卖官、弄虚作假、阿谀奉承、结党营私、吃喝嫖赌等等，不一而足。

没有约束的权力必然走向腐败。对权力的监督可以使官员变成一匹奋蹄腾飞的千里马，而对权力的放纵亦可以使他变成一个为所欲为的魔鬼。任何一个政权的兴起都是先从干部准备做起，而它的衰落也是先从吏治腐败开始。治国先治吏，国败吏先衰。治理的办法当然是有的，如领导带头，使有楷模；严刑峻法，使不敢犯；民主监督，使不能犯；还有就是道德教育，使之良心发现，自我约束，不该去犯。这几条中，制度约束、民主监督是最重要的，对官员个人来讲，自我约束、正确对待权力则是内因。

那么从道德上来说，近年来官场有哪些变化呢？或者说出现了哪些坏风气呢？现在官场道德之坏主要表现是：私、贪、假、惰、媚。如何惩治其害并重整新风，笔者在官场已观察有年，对症下药开了十味药方，这就是：为公、为民、诚实、敬业、廉洁、独立、坚定、谦虚、坦荡、淡泊。这些都是老生常谈，但官场的病症总是旧病复发，有的还是顽疾难除，虽是常谈也只好再谈了。恰逢有出版社来约稿，就辑为官德“十讲”，这十个方面主要是针对官场的现状和时下官德的种种表现，也兼顾总结古代为官的伦理道德。十讲又可大致分为两组：前五讲主要是围绕权力和工作，是以德施政，以德辅政；后五讲主要是围绕个人修养，以德自立，处世待人，“以吏为师”，给社会一个榜样。

孙中山临终遗言说，他致力于革命凡四十年，革命尚未成功，同志仍须努力。现在改革开放眼看也要奔四十年而去了，小平若在世当会叹息道：贫富不均世风日下，同志仍须努力。

（本文为《官德》一书的序言，该书由北京联合出版公司 2012 年 3 月出版）

浅谈什么是政治

政治是被人误解最多的一个概念，也是定义最不确定的一个词。它常被人误会为权术、争斗或干脆曰：说不清。

词典解释："政治是政府、政党、社会团体和个人在内政及国际关系方面的活动。"这有点就事说事，没有讲出事情的本质。政治学的解释，政治是民众将自己的权利出让出来，委托给公共机构及其人员代为行使。这倒是说出了本质，但有点绕口，很学术。政治家又各有自己的说法。孙中山说：政治是管理众人之事。毛泽东说，政治就是把我们的人搞得多多的，把敌人的人搞得少少的。中国共产党十六届五中全会总结党的执政经验是："权为民所用，情为民所系，利为民所谋。"

我长期当记者，深入百姓，出入官场；后来又从事管理，身为官员。经历了老百姓怎样看政治，官场怎样看政治。我想从百姓所望和官员所为角度给政治下这样一个定义：政治是一定的个人或集团借用公民所委托的权力来为社会和民众办大事。这里有几个关键词，一是"办大事"，不是做小事，不要作秀，不要庸俗化；二是"公民委托的权力"，你手中的权姓公不姓私，政治家干的事是公事，不是私事；三是"个人或集团"，就是说再大的事也是要落实到具体的机构或人来干，可能干好，也可能干坏，因此必须有监督和制约。以上这些再简化一点可概括为：“一大二公三集团。”用这三点去判断和分析政治，如用数学公式解题，对于普通人来说或更方便些。下面分别说之。

“一大”

凡政治之事都是大事。这个“大”有三层意思。一是它和多数人的利益相关，为多数人所关心。二是这事情的覆盖面大，影响全局。可能是一地、一省，也可能涉及全国、全球。三是作用时间长，影响到历史的进程，成为历史的坐标、里程碑。凡大的战事、灾害，及一切涉及大多数人的利益的事件、决策、成就等，都是政治。如新中国成立、十一届三中全会、中国收回香港主权，还有美国 2001 年的“9・11”事件等等。反之，那些八卦新闻、明星隐私、家长里短、游山玩水之类的琐事都不是政治。而作为政治家，要考虑国计民生的大事，干关乎百姓生活、国家安危、社会进步的实事。讲话、视察、发奖、慰问，甚至于显示才艺，那不是政治，只是政治的花絮或者作秀的演出。政治家虽然也需要造势，但本质上是要做人民的牛，最终的成功也是看他能不能干成实事和大事。社会五花八门，政治之外当然还有其他门类，如经济、军事、教育、卫生等等。不是说这些事不重要，是说一般情况下它们都在自己的范围内动作，当它们越出自己的范围而影响到更多数人的利益、覆盖全局、影响历史进程时，它也就不能自已，再扩大、深化而演变成政治。如 2003 年中国的“非典型肺炎”，由公共卫生事件上升为政治事件；2008 年的北京奥运会，由体育盛事上升为政治大事。军事上的许多大战役都是政治，因为它已经影响全局。

一部世界史、中国史就是世界和中国以往的大事记。而文学只要是有影响力的，又经常以政治为题材。如中国古典小说《三国演义》、《水浒》，现代许多二战题材的小说、影视，还有从贾谊的《过秦论》直到梁启超的《少年中国说》的散文，都是在说政治。

“二公”

凡政治之事都是公事，是公开进行的为公众的事。政治姓公不姓私。解放初老百姓常把政府工作人员称为“公家的人”，现在则称为“公务员”，又有一个新词叫“公共服务”。“为人民服务”是对政治最好的诠释，人民是最多数的公众。公与私是政治与非政治的一条分界线，也是底线。政治可以有不同的派别、观点，它分别代表着一定范围和数量的公众。封建社会“朕即国家”（路易十四语），帝王认为他就代表了所有民众，百姓仰视“真龙天子”，愚昧、奴性，服从专制，这是封建政治。到资产阶级思想家出现，说不行，不能你一人说了算，不同阶级、派别都可以表达和维护自己的利益，这就是近代的政党政治、民主政治。总之，政治之“公”一是为公，去努力代表最多数的民众；二是公开，透明、竞争、监督，好争取到最多的人自觉跟你走。

关于为公和公开这一点，梁漱溟批林彪堪称一例。1971 年，林彪出事，全国批林，梁在政协学习会上说：“一个政治家为国家、民族之前途而提出的公开主张，才称得上是路线。林彪不是路线，是阴谋，政变夺权而已。刘少奇有许多公开的主张，彭德怀有给毛主席的公开信，都是为国家、民族，只是政见不同。”他说这个话的时候，刘、彭还正在被“打倒”，戴着“反党”、“反革命”的帽子呢，而他自己也不避斧钺，敢于公开说出。他是在讲政治。随着世界政治的进步，这种公开、公平的竞争将越来越多地取代专制和阴谋。

“三集团”

政治是由人，由组成集团的人来具体实施的，需要监督。从理论上讲，政治是民众把自己的权力出让，委托公共机构去代为行使。但这个机构不是一座办公大楼，不是一个会议室，而是由人组成的管理集团，是一群人，包括这群人的领袖。他们的活动是政治活动，他们是政治人物。政治人物不是神，不是机器人，是活着的有血有肉、有情有感、有私有利的人。这就生出两个问题。第一，人孰能无错？他们在办事过程中，因知识、能力、经验所限，可能会犯错误。第二，人孰能无私？他们可能碍于私情，动了私心，为集团或个人之利办一些损公利己的事。这样就会有工作的失误或吏治腐败，有贪有诈，这是古今中外一切政府都不可避免的，是政治运作中一个永远的难题。于是就需要监督。权力与监督如人之双腿、鸟之两翼，失去一方就不平衡。要做到政治清明，只有两种情况：要么，当政者自制力极强，觉悟极高，修养极好，不用监督；要么，有一套有效的监督机制。过去，中国的老百姓总是盼望能出一个好皇帝，幻想中的尧舜。领袖人物中也会有清教徒式的自我约束力极强的人。但这只是个别的、短暂的现象，从来没有什么自觉的政治，只有监督下保持平衡的政治。监督的办法包括权力机构的相互监督、法律监督、舆论监督等。如果监督无效，当权者就失误、腐败，矛盾就激化，最后就要更换管理集团，更换领袖。千百年来就这样演绎着权力更迭、改朝换代的故事。

一个合格政治家的标准

怎样依据这个道理去实践政治？对政治家、公务员的最低要求是守住四条底线。

第一，要干事，干一点大事。本来老百姓给你权力就是要你办实事、办大事的。你看他们是怎样评价政治家的：“毛主席让中国人站起来，邓小平让中国人富起来。”这些政治人物都曾在自己掌权时办过大事。一般来说，给你千里之地、百万之众，两年之内应有政绩。“滕子京谪守巴陵郡，越明年政通人和”，谪贬之臣都能出政绩，何况我们多是提拔的新秀呢？可惜现在平庸的官太多，升也平平，去也无名。官声人去后，去后悄无声。

第二，为公不要营私，更不要贪污腐败。一朝为政，就要准备奉献、牺牲。周恩来所谓“我不下苦海，谁下苦海”，范仲淹所说的“先忧后乐”、“居庙堂之高则忧其民”都是讲的为公为民这个理。政治本来就是借民之权，为民服务，姓公不姓私。按孙中山的说法是“管理众人之事”，不是“苟营私人之事”。不要让你保管一下玉玺，就以为自己是皇帝；给你一张任命书，就以为是尚方剑、免死牌，胆大包天，滥用其权，谋私舞弊。

第三，光明正大，公开透明。虽然政治斗争离不开策略、方法、保密等，但玩阴谋却要不得。因为政治说到底是看你能代表多少人，如毛泽东所说：把我们的人搞得多多的。而搞阴谋终会失人心，虽胜一时，终输历史。

第四，勤政敬业，勤学多思，尽量少犯错误。政治家以个人之身担天下之事，其压力可想而知，这就更要如履薄冰，虚怀若谷。以毛泽东这样的伟人，稍一不慎都会犯“文革”这样的大错，况我们这些普通公务员呢？

对一般人来说，也不要鄙视政治，不要存偏见。不要与己无关，高高挂起，不要以远离政治为清高，不要把政治家都看成阴谋家。政治毕竟是大事，是大家的事、国家民族的事。天下兴亡，匹夫有责。而且我们生活的好坏，确实也脱离不了时局，脱离不了政治。无论是从前老百姓盼望能有一个好皇帝，还是现在人人议论政治改革、经济改革，包括议论物价、治安、环境等，都说明人们心里还是有政治的，从来也没有忘记过政治。

（《北京日报》2012 年 8 月 27 日）

上北戴河不办公书

党中央：

今特向中央提一建议，谨供参考。

十六大以后，党中央新的领导机构有几项举措深得民心。其中包括政治局成员亲访西柏坡，重提“两个务必”；中央领导同志深入基层，访贫解难；在传媒上改进领导人活动的报道等。我觉，还有一事，下面反映较多，这就是中央领导每年夏天前往北戴河暑期办公，也可以改进。

理由有五：

一、当年我们的办公和生活条件很差，北京夏热又无空调设备，为中央领导就近安排在北戴河休假并办公很有必要。现在京城的条件已大为改善，似无必要再来回迁徙办公。

二、对地方来说，每年接待中央领导休假和办公是件大事。当地干部反映，虽工作头绪千条，每年唯此为大，各方举财劳民，如履薄冰。这难免增加地方负担，分散正常工作精力。

三、对中央来说，每年一次离京办公，必然带来大量工作人员往返奔波、各部呈文送信、汇报请示、后勤供应、生活服务等大增劳务。有时因一事之商也要请多个部门负责人离京赴议，增加行政成本。

四、北戴河近年已渐成旅游胜地，客流涌动，人声嘈杂，此处已非殚精竭虑，忧国治事之所。况且时当盛夏兼有休假避暑，领导人必携带家属。工作人员也难免呼朋唤友，优游嬉戏，有碍工作，有失威重。

五、其时正当旅游旺季，重要车辆来往于京戴两地，必然清道警戒，与民争路，易起非议，影响干群关系。

因此，建议将办公与休假分开，可轮流休假，办公则仍在北京。过去前几代领导人暑期京外办公，或因京城条件所致，或因年事较高兼顾休息，群众还可理解。现在中央新班子年富力强，锐意进取，正可借机革此旧制。虽一事之易，其精神号召力当不同凡响，它最可表明新一届中央正党风、恤民情、重实效之决心，定会得到广大人民和干部的拥护。

谨以一个普通党员新闻工作者的忧国爱党之心竭诚进言。

敬礼

梁　衡

2003 年 4 月 17 日

（说明：中央领导从 2003 年起已不在北戴河暑期办公，而在那里接见休假的劳模。）

大干部最要戒小私

干部是公家的人，是公务员，是为国家办事，不能有私。大贪大贿自有党纪国法管着，这里且说一说百姓眼中最无奈却又最鄙视的小私小弊。

人皆有私，但是私戏不能在公家舞台上演。就如任何人都可以在自己家的浴室一丝不挂地沐浴，可以在自己家夫妻共枕，但如果有人把此事演到大街上、舞台上，那将是怎样地难堪、发神经，怎样地不可理喻。

但许多事，换一种形式，便泾渭不分。我们有一部分干部就在干这种有违常理的事。有一位领导对下属单位说："为什么不先解决我老婆的职称?"下属面有难色，说评委不投票。他说："那我不管，你去办!"一次我在机场见某领导带团出国，各团员及送行人员早在机场恭候，他却姗姗来迟，且妻、儿、孙等前呼后拥。这位领导一不问团员是否到齐，二不问手续办得怎样，三不向送行者嘱咐公事，而是与老婆卿卿我我，说不完的家事，又抱着孙子的脸蛋亲不够。时间一到，披衣出关。众人脸上僵僵地挂着笑，心里凉凉地叹着气，好容易才看完这出"十八相送"。他们就这样穿着一件"公"字牌的皇帝新衣，大裹其私，大摇大摆地登台走步，发指令，做演说，全然不知群众在怎么看，怎么说。这是最失“人”格、失“领导”之格和“公务员”之格的。

北宋名臣富弼出使辽国，一走就是数月。有人捎来家书，富曰：“徒乱人心。”不拆书信，直接放在灯上烧掉。一个封建官吏都懂得身在公位，执行公务，百分之百地勤政，不敢有一丝懈怠。而我们现在一些干公事的人却在公台上大唱私戏，私不知羞，私不觉耻。这样人格一丢，就一丑遮百俊，一丑压百能，就被人看扁了，就永无一点可用、可敬、可言之处了。可惜，许多身居要位者在这一点上，常没有一点自知之明、知私之明。

（《京华时报》2002 年 4 月 24 日）

居官无官官之事

魏晋风度，崇尚隐逸。东晋时的大官刘尹是晋明帝的女婿，皇亲国戚，身份显赫，但他为政清静，死后人赞之曰："居官无官官之事，处事无事事之心。"用现在的话说就是不作秀，不太把做官当回事，而保持人格的独立和人性的率真。最典型的就是陶渊明不为五斗米折腰。"无官官之事"不是让你玩忽职守，掉以轻心，而是实事求是，实实在在地去干事。这句话类似"好读书不求甚解"，不是囫囵吞枣，而是把握主旨，不一味地抠词掰句。又类似"君子之交淡如水"，不是说交情淡，而是说交往的形式简单，更见真情。

近来中央召开扶贫工作会议，令我想起一件亲历的扶贫小事，可为"官官之事"作注。那年秋风乍起，我所在的单位赶紧向对口扶贫的某县送去六大卡车棉衣、棉被，正好由我负责带队送达。三个月后，元旦已过，彼县长来京，我问："棉衣发下去没有？"答曰："没有，等春节前'送温暖'时再发。"我大怒："现在春节还未到，你身上怎么已经穿上棉衣？"可知他们整天就是这样做着些"送温暖"之类的"官官之事"，还又时时端着一颗唯恐人不知的"事事之心"。就像一只老母鸡，下不下蛋无所谓，但只要下一颗蛋必定叫得咯咯响。这哪里还有一点官责和官德？用这样的官去治理地方，只能贫上加贫。还有某地矿难，经几日抢险总算打通了生命通道，危困井下的工人终于可以升井了。但且慢，还有一件“官官之事”不能少，领导还没有来到井口，明天报上没有他与升井工人现场拥抱的镜头怎么行？工人与自己的亲人拥抱、流泪都不算。于是宁可让他们在井下再忍一会儿。“官官之事”已经演化为官场的“官官之规”。

一个人不做官也罢，他只要做了官身上就同时有了三层含义。一是为官之责。政治学上讲，老百姓把自己的权力出让给公共机构，委托它来管理社会。所以官员手里的权力不是天生的，也不是谁赐予的，而是老百姓给的，官的本质是为民办事，为人民服务。二是为官之德。它的底线是怎么做人，官做到多大也逃不出人格与人性。可惜，官场的人性扭曲往往比民间严重得多。三是为官之形。任何事物总有个方式，施政之官权在手，其行事的方式自然与普通百姓不同。如讲究成就、荣誉、排场、权威、效果等等，即所谓的“官官之事”。明白这三层意思，就知道“坐官”（坐在官的位置上）时最重要的是“为官之责”和“为官之德”，为百姓、国家、民族办事，做一个真正的、实在的人。至于“官官之事”不是一点不要，但毕竟是形式上的次一级的“官元素”。可惜不少官员常忘了“官责”与“官德”，倒把“官官之事”看得比天还重。

这“官官之事”在古代也就是骑马、坐轿、宴请、写奏折之类，现在“与时俱进”了，闹得更大更新。如：求政绩，大搞短期行为；多应酬，巧于上下打点；泡会议，镜头来，版面去；造假势，汇报预演，视察排练；讲排场，警车开道，前呼后拥等等。官场成了剧场，官员成了演员，演得很是过瘾。把这些“官官之事”办好了，虽然表面上还是官照“坐”，权照掌，但民心已失。水可载舟亦可覆舟，恐去官之日不远矣！慎之，慎之。

（《人民日报》2012 年 1 月 13 日）

用其力还是用其心

康熙时黄河泛滥，经年不治，工程上马后又众说纷纭，意见不一。治河老臣靳辅在黄河上滚了十几年，因与皇上看法不一被贬。后事实证明他的意见正确，又召他回来。他上书说："我已 70 岁，心有余而力不足了，还是请皇上另选他人吧。"康熙说："我知道你老了，我是用你的心，不用你的力。"黄河于是得治。

类似的故事还有一个。1949 年，新中国刚成立，我们没有海军。1.8 万公里海岸线，无一船一舰。毛泽东召长征老将、12 兵团兼湖南军区司令员萧劲光，要他任海军司令，组建海军。萧急了，说："我是个旱鸭子，哪懂海军。这辈子总共坐过五六次船，每次都晕得不敢动，怎么当海军司令？"主席说："就看上你这个旱鸭子。"结果在他主持下，创建了一支强大的海军。毛主席很满意，说："有萧劲光在，海军司令不易人。"他成了世界上任职最长的海军司令。

这让我们思考一个问题，用人是用其力，还是用其心。其力，当然要考虑，但前提是他的心，即他的思想、品德、意志。思想是管方向的，做什么，怎样做。品德是操守，要能把握住自己，处理好公与私、个人与事业的关系。意志是坚持力、毅力、攻坚能力。

人才学研究表明，人与人之间的能力相差不多，成功与否常在意志方面。靳辅以70岁暮年之身，萧劲光以外行之人，结果都不负重托，卓有建树，是心在起作用。

古人有阅人之术，就是观察人。曾国藩就自信通此道。有时一个人的好坏，并不要多么复杂的考察。可管中窥豹，一叶知秋。很奇怪，近年来落马的一些干部，群众早有议论，其恶行丑闻，就是做邻居也要回避三舍的，却照升、照用。最近公布处理的一位副地市级干部，做县委书记时写了一本他与本县名人的书，好借机出名。封面上他挺胸叉腰，雄视河山。十几个“名人”如指甲盖大的头像，环衬在他的身后。他到中央党校学习，用“换头术”假造了一张中央领导给他发毕业证的照片，到处吹嘘。有中央领导来当地视察，他本不在现场，又如法炮制一张与领导人的合影。其父母过生日，用公款大摆宴席，请剧团唱戏。他最后翻船是因为查出贪污数百万。但如果没有这些经济问题呢？这种瞒天过海、欺世盗名的做派，就是拿一般的阅人术，一看也知是个坏人，倒退100多年，曾国藩也不敢用他。这种人格在封建社会、资本主义社会，也是被人嗤之以鼻的。但在出事前，此人还又提了一级。

用其心，用什么？用其公心，忧国忧民、不以权谋私；用其诚心，不弄虚作假、招摇撞骗；用其忠心，负责敬业、恪尽职守。这用不着多么复杂的考察，稍一了解，或谈一次话，就能阅其大概。正如一张粗劣的假币，一看就知，用不着再上什么验钞机。人格的高下，是放之四海，求之古今都一样的。君子、小人，忠臣、奸相，清官、污吏，早有定格。我们现在只要回到最低门槛，把住其心就行，也就是老百姓说的良心。有了这个良心，力不足，可以勤补拙，以诚憾天。没有这个良心，力有余，则正好以权谋私，以能售奸。用人还是用心为上。

（《人民日报》2008年10月10日）

朱镕基改稿

夜班最怕长稿，更怕领导人活动的长稿，还怕先预告又迟迟等稿。因为这种稿子必上头版，有时还要转其他版，再一等稿，后面的版也不敢定，大家都不能下班。

昨夜 9 时，一上夜班就接到预告有一条朱镕基、尉健行、李岚清参观“国有企业改革与发展暨技术创新成果展”的稿。长短不知，但我们想三个常委出马，一定不能太短，便在头版留下地方，又在 4 版留下一块备用转稿的地方，就开始紧张的工作。过了 12 点，稿还不来，就耐心地等。谁知到 12 时 40 分时，国务院办公厅电传稿过来了。朱镕基亲自动手改稿，将 5 页稿纸，1 500 字的原稿，改得还剩 300 字，其中有一整页被撤掉了。几个值班编辑都相对一愣，几秒钟后，大家都笑起来，高兴地举着改样去干活。

近来稿子长风越演越烈。许多人争版面，争字数。三个常委看展览的消息只用 300 字（同看展的还有另 10 个国家级领导人），这可真是新闻史上的一段佳话。改掉的文字主要是两方面的内容，一是记者的议论部分，二是对朱镕基的描写：“朱镕基十分高兴……指出”之类的话。我连忙嘱人将这篇改稿复印留存。

（夜班笔记，2001 年 6 月 22 日凌晨 2 时 35 分）

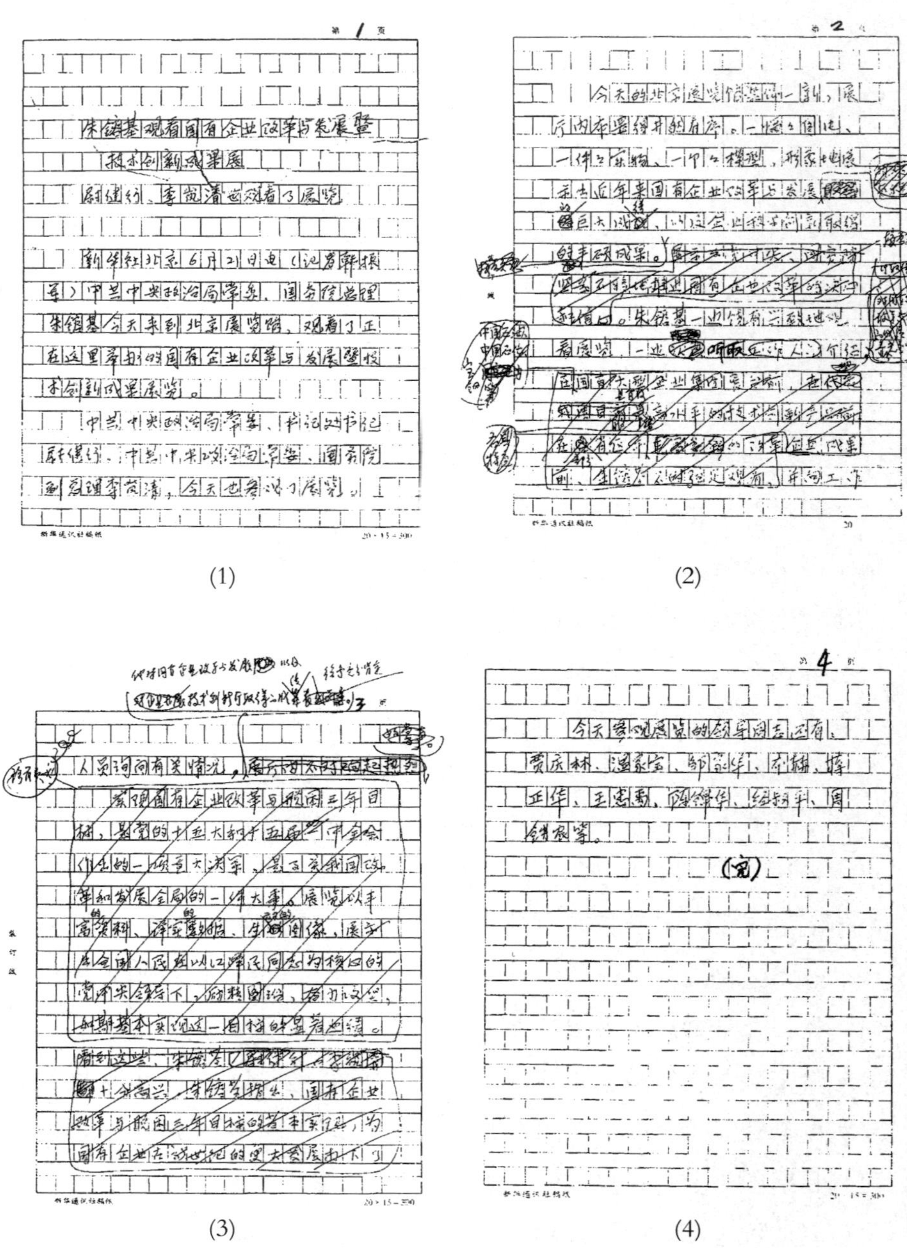

(1) (2) (3) (4)

朱镕基改稿

宋子文怒辞外长

民国时期宋子文在蒋政权里任外交部长。国民党政府从成立到垮台几乎都是在风雨飘摇中，内忧外患，焦头烂额。弱国无外交，在这样的时候出任外长，应该说没有什么故事，但故事恰恰在他的身上发生。

1945年世界反法西斯战争接近尾声，美、英、法三巨头在雅尔塔开会，决定苏出兵中国东北，同时默许外蒙古独立，实际是投入苏联的怀抱。国民党政府大惊，派宋子文带团赴苏交涉。斯大林态度蛮横，绝不让步。蒋只得去电指示，以苏支持国民党，不支持共产党等为条件，同意外蒙独立。1945年8月14日《中苏友好同盟条约》在莫斯科签字。宋子文认为，日寇未退，外蒙又失，怎么向国人交代？拒不签字，并提出辞职。后来这个条约由新接任的外长王世杰代表中国签字。

弱国无外交，但不一定没有硬臣。当一国之势较弱又无法立即扭转时，吃点亏是没有办法的。但至少在外交上要伸张正义，要有人出来表现一股正气，以存民族精神的火种。楚虽三户能亡秦，只要这口气在，国失亦可复得。历史上也有许多弱国强臣的例子，最著名的是蔺相如使秦。秦强赵弱，秦王以势压人，既想要和氏璧又不给土地，蔺就作持璧撞柱状说：“你不践约，我人玉俱碎！”秦王无法，蔺完璧归赵。当此时也，席前柱下，已与秦强赵弱无关，只有正邪之辨、曲直之别和使者的胆量大小与人格高低之分了，这时赢的是一口气。其他如文天祥使元，曾纪泽使俄莫不如此。外交上有一句话：“不辱使命。”就是不辜负重托，不丢国格。相反，有时强国也有懦臣，虽理在势在，还是要奴颜婢膝。儒家修养中有一句话：“达则兼济天下，穷则独善其身。”这个“独善其身”不是保官、保命、保妻子、保既得利益，而是保住人格的底线。宋子文在外长任上没有签这个条约，虽没有保住疆土，但保住了正气，保住了外交的面子。当然，形格势禁，作为弱国总得有人去低头来签字。但让别人去签好了，我这个外长不能签，而且立即就辞，羞于留任其职。相信他做出这个决定是仔细权衡过的，辞去外长是件大事，这一要冒舆论压力，二要得罪蒋和政府，三要丢了饭碗。但这对个人来说是一种守节，对国家来说也是一种对外的抗议。高官、厚禄、大权，苟非吾意之所合，一刻而不留。虽然宋子文完全可以不这样做，他已尽了力，又是受命而为，不辞职也没有人指责，但是他良心上过不去。

在民国精神中有一个亮点，就是人格精神的独立，不合我意就辞职而去。这在此前的封建社会不多，君臣纲纪甚严，还没有这个氛围；在之后的新中国也不多，先是无限服从，驯服工具，后又跑官保官，保既得利益。民国正当旧专制之打破，如“文革”之新专制还未成，大局虽乱，精英层的人格精神却还颇有几分靓丽。1929年，刘文典任安徽大学校长，恰逢学潮，蒋介石召见却不让座，问：“你是刘文典么？”刘怒：“‘文典’是长辈叫的，不是哪个都有资格叫的。”蒋拍桌子道：“无耻文人！你怂恿赤党分子闹事，该当何罪？”刘大喊：“宁以义死！不苟且生！”欲向蒋介石撞去，幸被侍卫挡住。那时，无论是政界还是学界，一言不合便辞职而去是平常事。

本来，人一落地就有了生命，以后为了生活又谋一份职业，对官员来说这就是政治生命——一个官原来有两条“命”！但是人在官场身不由己，矛盾复杂，诸事纷繁，常逆我心。为表明心迹，到关键时刻除申明立场、据理力争外，有两个极端之法：一是辞职，自绝政治生命；二是自杀，宁死不从。一不要官，二不要命，还我清白，守住人格。“文化大革命”中自杀的多，辞职的却没有。因为政治生命这张牌早被人收走，你连以职相拼、相抵的资本也没有了，只剩下以死明志。刘少奇在被斗之初就提出带着家人回湖南或延安种地，但不得批准。政治猛于虎，宦海难自主。一个人，当你能自由表达意见时，你不表达，就被绑上了战车；当你还能辞职跳车时你不跳，就被紧紧挟裹；当你连自杀的可能都没有时，就只有任人折磨了。本来，这做官与做人说是一回事，又不是一回事。当官职之事符合自己的做人标准时就做官，这时官是实现人格精神的道具，做人做官是一回事；当官职之事有碍个人的做人底线时就去官辞职，保持人格独立，这时做人与做官就是两回事。而人格精神总是超时空的，它会大大超越官职这个道具，而永留史册，任人评说。宋子文是曾跟着蒋政权反共反人民的，也曾留下骂名，但他绝不卖国，一事不合就愤而辞职，不保官求荣，只这一点就振聋发聩，足可存于青史了。试看现在的官员，虽然嘴上常发着牢骚，可有哪一个肯辞职明志？当然也有“辞职”的，但多是因贪污、失职的“被辞职”，真正坚守自己的做人操守有思想而主动辞职的鲜有所闻。可见官风日下，独立人格精神之式微。

（《文史参考》2012 年第 8 期）

人格在上

细想，人格这个词是造得很准确的。就像我们写稿子时要按格填字，不能乱，编辑才好改，读者才好看。写诗也是这样，要有格律，只有合了格和律才美，才算是诗。那么做人呢？应该说也有一定的格，合起码的格是正常的人，合乎更高更严的格，便是好人、高人、伟人。做好人难，做伟人难，好比律诗难写，因为那是一个更高的标准。当然社会上也有不合格的人，就像我们常于报刊上看到一些歪诗，虽然也算是诗，其实并不合格。人的品德分成许多高低不等的格，这便是人格。人格之定，就如某项产品的国家标准，有一定的要求。从某种意义上说人也是一种产品，马克思说，人是一切社会关系的总和。人是一种社会产品，是经社会共教共育，磨砺冲刷，阴差阳错，锻打铸造而成的，如礁石在海，被浪花咬凿、冲刷、浸蚀，塑造成各型各类、各等各级，也就有了不同的质、形、格。人生于世，就要看你自己所选所为了。你接受了某一种观念，就被搁置到了某一层的某一个格子里。

我向来觉得人在社会上立身有三项资本，或曰三种魅力。一是外貌，包括体格、姿色，这主要来源于先天，这确是一大本钱。古今因一貌倾城，仪表万众，因此而广有追随、成事者大有人在。二是知识技能和思想，这是靠后天的修炼。一战回天，惊天动地，开国定邦，太平盛世，或窥破天机，发明发现，创造财富，造福人类者，大有人在。三是人格，这完全是一种独立于“貌”和“能”之外关于思想和世界观的修炼。你可以貌相不惊，才智平平，无功可炫，无能可逞，但在人格上却可以卓然而立，楷模万众。精神之力，盖超乎外貌之魅和才智之强，别是一种震撼，一种导引与向往。雷锋，论貌，个子不高，只有一米五多，论能，只是一个普通的汽车兵，但他的无私精神，助人品德，现已成了中华民族，乃至全人类的精神财富。其人格魅力早已驾于万众之上。

人格，既然名格，就是方方正正，于某事某情某理，行有所遵，言有所本，恪守一定尺度分寸，金钱名利诱之而不变，严刑生杀逼之而不屈，总是平平静静，按一既定的规矩做事，昂首阔步，按既定的方向走路。人格是精神，精神可以变物质，甚至可以发挥出超物质的力量。人格是信念，信念如山在野，高山仰止，如坝挡水，波澜不惊。信念既成，就不是一个人的事，甚至不是一代人的事，会形成一个群体、一个民族，乃至全社会公认的规范，是一种无形的力量。所以当我们述说人事，歌颂英雄，甚至亲身感受那些开国元勋、将军元帅、教授学者或者能人强人们的惊人业绩时，其实这种感受中常常有一部分是他们的人格魅力。而且随着时间的推移，这种人格魅力将大大超越其人其事本身的意义。毛泽东转战陕北，折一根柳木棍子，在胡宗南大军的鼻子底下来去的那种从容；周恩来长年日理万机，内挤外压，那种无私无怨的大度；彭德怀在庐山一人独谏万言，拍案力争的骨气；就是陈独秀虽与党有分歧，但在国民党大牢中，面对高官相诱而嗤之以鼻的轻蔑，押解途中带着铁镣而呼呼大睡的气度：这些都远远超出他们所为之事的意义而特别爆发出一种精神的冲击波和辐射力。我们还可以由此而上溯到：辛亥义士林觉民在狱中与妻写绝笔书的慷慨；戊戌义士谭嗣同坐等清廷来拘捕，愿为变法做流血第一人的自豪；林则徐虎门销烟行民族大义，于己无欲则刚的气节；史可法守扬州，宁为玉碎不为瓦全的牺牲精神；文天祥宁死不叛，丹心万代的正气；岳飞虽为奸臣所逼但又精忠报国的悲壮；范仲淹身为朝臣先忧后乐的诚心；苏武十九年持节牧羊所表现出的忠贞；司马迁身负大辱为民族修史记事的坚韧；项羽慨然认输又愧对父老而毅然自刎的英雄气概；荆轲明知赴死而千金一诺的诚信，等等。这些都是做人之格，他们都是我们民族史上的灿烂明星。就是国外也有如布鲁诺那样为捍卫科学而甘愿被教会处以火刑的英雄。他们的主要业绩仅仅是因为做成了某一件事吗？不是。相反，随着时间的推移，这些具体业绩时过境迁，反倒离我们越来越远，而他们所昭示的人格的光芒却因时日的检验而愈显强大并永远照耀在我们身上。当我们数典耀祖时，要感谢这一串串巨星为我们画出的精神轨迹。这时我们才真正地感觉到精神变物质是这样的具体。一部中国历史，不，整个一部世界历史，就是这样在人类前进、创新和牺牲精神的鼓舞下书写而成的，而体现着这种精神的，就是那些跨越时空在人格方面光芒四射着人格精神的群星。若历史长河中缺了这些人格坐标，就如同缺了许多改朝换代、惊天动地、里程碑式的大事。当我们书写政治史、军事史、科学史，或从事文学创作，记录故事、塑造人物时，我们不该忘掉这一条隐隐存在而又熠熠闪光的主线。

事实证明，不但文学是人学，史学也是人学，社会学更是人学。一个人只靠貌美出众时，他（她）最多只成为一个名人；当一个人事有所长时，他会是一时的功臣；而当一个人只要人格上达到了一定的价值高度他就已经是一个好人，这时如果他又能貌压群英，才出于众时，他便是一个难得的伟人、圣人。这样的人历史所能奉献给我们的大约几十年或数百年才会有一个。但为人而求全，实在是太难了。所以，最基本的还是先从人格做起，心诚则灵，人人都可以立地成佛，先成为一个在德行上合格的人。

（2000 年 10 月）

传播之理

谣言止于透明　偏见化于诚恳

“5·12”汶川大地震后，国内外只有一个呼声：抗震救灾。过去常不绝于耳的几种声音，如老百姓对政府的批评，西方媒体对我们的挑剔，社会上的谣言和猜测，统统没有了。大地这一发威，把舆论都震住了。

舆论是比军事的、经济的、物质的等一切硬实力还难对付的软实力。俗话说，众口难调，各人有各人的看法；又百口莫辩，任你怎样解释，人家总是不信。但有一样东西不会有争议，这就是事实。学会用事实说话，用重要的事实说话，用真诚的口吻说话。抗震救灾，检验了我们的经济实力、组织能力，也检验了我们的说话能力、把握舆论的能力。

大道无形，强不言兵，最好的说话方式是不必再说。过去群众对政府的工作有意见，如腐败、效率低等等。这次收到地震消息时，总理还在外地回京的路上，立即掉转车头直奔机场，就在飞机上发表抗灾动员。几个小时后，已落地在废墟中指挥救灾。当日就近调帐篷 5 000 顶，10 天后又在全国再增调 90 万顶。救援队水、陆、空并进，3 天内，来自数千里外不同方向的，挂着北京、广州、青岛、沈阳等不同牌子的白色救护车，已按划定分工出现在灾区各县、各镇。这时无论是灾民，还是全国人民，只有一句话：政府效率高，政府想着百姓。

什么是政治？国家、民族的全体大事就是政治，这几天救灾是最大的事，就是政治。儒家认为“民为邦本”，孙中山说政治是管理众人之事，毛泽东同志说“站在最大多数人一边”，不管哪一个时代，能给老百姓办事就站得住脚。这是人类长期积累的共同的政治文明。此时此刻，我们的政府就是最好的政府，最得人心的政府。全国人民高高举起的双手既是对灾区的支援，也是对政府的致敬。哪里还会有什么牢骚？

信息公开是现代政治文明的表现。最好的工作形式就是无形式，这次救灾工作及其报道，最大的特点就是透明。地震突发后，相关部门每天都召开新闻发布会，电视台 24 小时滚动报道，各媒体都有记者深入到灾区的每一个角落和后方的每一条生产线、运输线实时播报。一时，人们的脑子里只有两个概念：一是灾难，百年不遇的大难；二是救灾，一刻不停地救灾。事实的透明带来思想的统一。这场救灾检验出了我们的两个进步：一是政治进步，政府坦诚，没有什么可保密的，欢迎监督，每一笔资金、每一项物资都可跟踪调查。二是科技进步，电话、网络提供了全程、全方位的服务和监督。捐赠救灾、寻找震后亲友、监督举报都可。在一次记者招待会上，记者问及有救灾帐篷流向市面，怎么解释。民政部立即答应查办。谣言止于信息公开。这样，小道消息还有什么市场？我们要感谢在地震前不到半个月施行的《中华人民共和国政府信息公开条例》。虽然这比美国 1976 年出台的《政府阳光法案》晚了 30 多年，但我们还是追上了世界政治文明，百年不遇的大地震遇上了这个刚刚施行十多天的法规，这也是天意。

过去西方媒体最喜欢做的文章就是中国的人权。我们常对他们说，最大的人权是生存权，也许他们没有什么体会。当温总理在废墟上大喊第一是救人，当连续三天，全国都为死难者下半旗志哀时，全世界都看到了中国政府怎样尊重生命。而近来在西方，无论是政府、国会还是媒体都一片声地称赞中国政府的救灾行动。谣言止于透明，偏见化于诚恳。当年朱镕基访问美国，示威者围着他下榻的宾馆闹“人权”，朱第二天讲话说，你们急什么，我们自己的事，我是总理，我比你们还急。温家宝总理访问美国，耐心地解释，中国有自己的国情，什么事一乘 13 亿太多，一除 13 亿又不够。这都是诚恳的态度。这次抗震救灾我们向全世界再次显示了这种诚恳。就在一个月前，西方还有人借“藏独”说“人权”，地震后却出奇的平静。诚恳再加事实，总会理解，总能沟通。

毛泽东同志说，战争是洗涤剂。灾难也是洗涤剂，这次地震帮我们洗掉了许多旧方法、旧作风，让我们的工作，特别是宣传工作大进了一步。我们不敢说以后有多好，但遇到困难时，听到批评时，我们就想一想这次地震。就像过去常说的想一想战争，想一想长征。

（《人民日报》2008 年 6 月 30 日）

机关报要克服机关化

中央提出全党要转变作风，新闻界怎么转变作风，主要体现在两点上，一是采访作风，二是写稿文风。特别是各级党委机关报，更要带头转变作风。要落实这一点，先要研究一下读者的反映。根据读者的读报效果，我觉得在转变作风中有一个问题值得研究，就是机关报的稿件要克服机关化。

中央领导指出，改变作风不能用会议落实会议，用文件落实文件。对我们报纸来说，不能用转发会议消息落实会议，转发文件落实文件。作为领导机关，它的最基本的方法是会议、文件、视察、汇报等；作为报纸特别是机关报，如果只限于简单地报道这些，读者就不满意。就是说，工作可能离不开机关化，稿件却不能机关化。可惜我们报上大量充斥这些机关化的稿件，如会议、文件、视察、检查、表态、总结，包括稿件中的空话、套话等，这些都是稿件的机关化倾向，读者不喜欢看。传媒有传媒的规律和功能，它要为机关工作服务，但稿件不能机关化。它必须将工作成绩、文件、会议精神转换成新闻语言，进行二次深化。这种深化就伴随着作风转化，报纸应尽量减少程序性稿件，多一些创造性的稿件。

怎么在写稿上克服机关化倾向，有这样几点：

抓实事，三点一线。新闻的定义有很多，过去说，新闻是新近发生的事实的报道。我想更进一步表述为新闻是受众所关心的新近发生的事实的信息传播。这里关键是受众和事实。我们的机关有会议，有决定，上面有精神，但读者更关心这些决定、精神的落实，关心最新的事实。毛泽东同志说：请看事实，还是请看事实。转变作风，就是："不编材料，去找事实。"去抓那些能直接反映或折射上面精神的事实。这叫三点一线：上面的精神、群众（受众）的关注，再加上事实，只有这三点成一线时，这篇稿件才能打响，读者才爱看，才能传播开。作为一张报纸，只有新的事实信息多才有人读。报纸要发社论、言论、广告、文章，还有前面提到的会议、视察等程序性消息，但最基本的是关于事实的信息报道。我们可以作个试验，一张报纸如果抽掉事实信息，上述这些体裁的稿件将不可能刊出，将成无皮之毛。无论是一张报纸，还是一篇稿件，只有事实信息的含金量高，才有竞争力。作为一个记者，只有抓住能阐述上面精神、反映下面民意的事实，才能赢得读者，才能写出好稿。

抓典型，加强导向。没有典型的报纸是一块平板玻璃；一个抓不到典型的记者不可能成为一个好记者、名记者。上面的精神、某一方面的工作经验、群众的意愿都会集中体现在某个典型上。所以典型的导向力最强。用正确的舆论引导人，最不可少的就是用有说服力的典型来引导人。记者是月亮，只有托起典型这颗太阳才能照亮自己，才能成为名记者。记者要把相当的工夫花在写典型上。文学的典型靠塑造，新闻的典型靠发现，靠记者用艰苦的劳动去深挖，在深入采访中提炼。

抓问题，稿子要有思想深度。抓问题不是指揭露什么问题，是解决、反映和提出问题，其实就是抓思想。稿件在版面上的位置靠事实所含信息的多少来竞争，但稿件的生命力靠思想性来延续。新闻是易碎品，但这易碎品有了思想性就有了较长的生命力。《县委书记的好榜样——焦裕禄》一稿过去那么多年仍然生命力旺盛，就在于其思想性。记者要让自己的作品除了有竞争力之外，还要有生命力，就是说，你抓的典型既真实又含有深刻的思想。

改进作风是一个大题目，又是一个常抓常新，永不停止的话题。说得太大反而不易落实，目前我们就先从抓实事、抓典型、抓问题这三个具体事情抓起，争取能推出一批好稿件，造就一批名记者。

（在2001年《人民日报》记者部获奖作品研讨会上的讲话）

新闻的生命力即政治生命力

一张报纸，作为大众传媒，它反映着全社会的舆论民情，记录着社会发展的大事。虽然每天也会登些各类其他的信息、花边新闻，但真正能牵动最多人心的还是上升到政治这一层面的事件。政治是什么？政治是某一时期某一范围的最大之事，是关系全局影响久远的事。所谓政治家办报，就是从全局的、历史的、本质的角度来报道新闻、分析形势、引导舆论。许多著名的政治家本身就是著名的报人，而许多著名的报人都具有政治家的思维和眼光。作为一名记者只有抓到一篇能够影响全社会、影响最大多数受众的稿件，甚至影响历史的稿件，才算是抓到了最有生命力的稿件。一篇这样的稿件，顶得过百篇、千篇奇闻、趣闻之类的小新闻。

书法家写字，讲究笔走中锋。虽然也会用到偏锋、逆锋、飞白等笔，但最基本的、支撑这一艺术的是中锋。同理，记者观察社会，先要分清社会发展的主流和支流。我们可以把主流称作“永恒的主题”。比如，爱国主义、社会道德、民主与法制、经济建设、环境保护与可持续发展、党的建设等。任何一个社会各发展时期又都有其阶段性的任务，我们可以称之为“阶段性话题”，即支流。如经济建设这个大主题中就有加入世贸、国企改革、农民增收、西部大开发、循环经济等阶段话题；环境保护与可持续发展中就有退耕还林、还草，防止沙漠化等阶段话题。

记者在每日每时令人眼花缭乱的信息中，首先要抓住两题：永恒主题和阶段性话题。阶段性话题是永恒主题的进一步具体化，这就像学生答卷，把握住了总的方向，起码不会跑题。但是光有这一点还不够，还要再具体一步。新闻不是文件，它是以事件为载体，以受众为对象，寻求有一定信息冲击波和影响力的文体。它要求在体现主题时，必得有一个有个性的事件为载体。

事实上围绕主题，生活中有两类事件。一是程序性事情，如各种工作会议、考察访问、春种秋收、节日慰问等。我们可以称之为日常话题。严格说，这类日常话题中许多不是新闻，当然也就更易碎。第二类是重大事件，包括突发事件。这种事情最具影响性，因为它有冲击力。但是，只有当这事件与时代主题，即永恒主题合拍时，它才有意义，它才能超越“日常话题”进入“阶段性话题”，甚至成为彪炳史册的“永恒话题”。这样的稿件才不易碎。

记者的稿件要有生命力，说到底是围绕时代主题去捕捉一个典型的事件。先收事件的冲击之效，再求其内涵和思想的长久释放，求那个坐标点的永恒。一般来讲，符合这个条件的事件就肯定具有这个时代的政治含义，有了足够的政治分量。因此在记者的采访本里，永远是首选那些关系到时代变革，同时也关系到受众最大利益的大事。只有实在找不到这种事件时，他才笔走偏锋退而选取一些小事，去写奇闻、趣闻、花絮之类的稿子。

（2002年4月12日）

评论是报纸的宝塔尖

评论难写。搞评论在新闻各行中算是一种难事、苦事，又很不容易出成果的事。所以一说搞新闻，大部分人都愿意当记者，而避之写评论。评论为什么这样难呢？因为评论是报纸的宝塔尖，是报纸的最高层次。

报纸的内容，它的质量构成，光从体裁上来讲，有三个层次。最主要的，或者说最基本的层次是消息，即信息。信息多，报纸才能立得住。但一张报只有信息不行，还得有最突出的信息，这就是典型。这是报纸质量的第二个层次。如果一张报纸一年二年三年都推不出一个有影响的典型，这张报在读者心中就没有什么印象。比如焦裕禄、雷锋这样的典型，虽然过了三十年，但人们心里觉得还像昨天一样。这就是典型的力量。报纸质量还有第三个层次，也就是最高层次，这就是评论。而这一点往往容易被人忽略。

我过去当记者时写消息、写评论，有时也研究一点散文。现在愿借散文的层次论来说明一下报纸的层次。我曾提出过一个散文美的“三层次论”。第一层是描写的美，将客观的事情说清楚，就是说要有足够的信息。第二层是意境的美，将作者主观的意思表达清楚。第三层是哲理的美，要能上升到客观的普遍的理性。我常举范仲淹的《岳阳楼记》为例。他写了洞庭湖里天气的变化，写了不同时候的心情，最后总结一句话："先天下之忧而忧，后天下之乐而乐"。如果没有这一句话，这篇文章是传不下来的。因为它达到了三个层次的美。说出了一个永恒的理。作为文学作品尚且要借助理性来提高自己的说服力，对宣传性极强的报纸来说，就更少不了说理。一张报纸如果只是大量的信息，如果只是一些典型，而不能提出新思想，特别是转折时期说不出新话，举不起旗，这张报纸恐怕没有什么竞争力。有些报纸是靠重大典型在读者中留下印象的，如《工人日报》曾树起过李瑞环等这样的典型。有些报纸则是靠评论给读者留下印象，如《光明日报》发表过《实践是检验真理的唯一标准》。

为了说明问题，我们还可以这样来比喻：消息是水珠，评论是阳光。一滴水可以见太阳，平常报上的一条信息就好比一滴水，它体现着报纸的观点。如果不是一滴水，而是一片湖呢？自然映照的内容就更多一些，这就是报纸上的重大典型报道。它的折射更有广度和深度。如果我们再换一种思维方式，干脆不用折射而用直射，直接给读者以思想，如阳光直射大地，这就是评论。它不必借一件事（一条信息）来说一个理、一种观点，而是明明白白地告诉你应该怎么办，不该怎么办。严格地讲评论不是新闻，但是它却领导新闻，就像诸葛亮不会舞大刀却要指挥关羽、张飞。它在性质和档次上是根本高出一截的。

其实这三个层次论，不只是指办报、写文章。我们办任何事情都有一个从实践到理论再到实践的过程。理论高于实践，这决定了它不但在报纸上处于领导地位，在任何领域都是如此。一个人担负领导工作只有实践不行，因为实践不能指导实践（那是经验主义），他还得有理论；一张报纸要担负导向任务只有消息不行，因为消息毕竟是当时当地的事（那是就事论事），它还得有评论。评论是一张报纸综合“报力”的最好标志。首先看总编的水平，他能不能出个好题目，然后是记者、评论员能不能写出好稿子。新闻评论不同于写小说，也不是做专业论文，要以社会为对象，详细调查，占有材料，既要有很高的理论修养，说到点子上，又要有一定的艺术修养，说得让人爱听。

千军易得，一将难求；好记者易得，好评论员难求。一张报纸有了好记者，有了好编辑，再有好评论员，这张报就立于不败之地了。

（1994 年 8 月 27 日在《山西日报》评论工作研讨会上的讲话）

每一篇评论都要有一个真靶子

前段时间有个电视剧《亮剑》，剧中一个将军的一句话给我印象深刻，他说："每一个将军都要有一个假想敌。"确实，头脑中没有假想敌，你一个将军带几十万兵马干什么。一军之将，没有了带军的目标和动力，不可想象，这样的军队也将不叫军队了，这个将军肯定不是好将军。由此我想到，我们写言论时"每一个评论都要有一个真靶子"。

2005年9月，我带记者组到贵州采访，省委一位负责同志请饭，席间他说读过我的一些评论，并随口举出一些段落。比如发于2002年4月《人民日报》的《大干部最要戒小私》。他对文中那个私心重的高官印象很深，对大官要戒小私的理也很认同。类似的此种反映其他场合也常遇到。如发于2004年4月9日的《碑不自立名由人传》，当天大连一位经商的先生即向该地记者站打电话说，言之有理，应痛刹此风。这两篇短文都是有生活中的实事做靶子的。这实事又很典型，有代表性。言论是议论文，说理为主，属务虚一类的文体，形象、情节不多，易空、易僵，怎么能打动人，并让人记住呢？

原来议论文的写作，虽为虚文却要有实靶，就像通讯必须有一条消息做内核，言论也必得有一件实事做靶子。不过你不是做小说，用实事去做模特，而是以这实事来推演阐发道理，回答读者的疑问，满足他们的关注，有的放矢，言之有物。这样你写出来的言论，虽句句是抽象之理，却又箭箭能中靶心，说到读者的心里。

言论要有靶子，主要体现在写作的准备、立论、阐述过程中，一旦完成写作，这个靶子大多已不存在，或者在文中也只是一个引子，一个符号，留下来的是那个服人的理。这时，文章已由个性上升到共性。这样才能指导实践。比如《出师表》是以当时蜀中的朝政为靶子，而上升到“鞠躬尽瘁，死而后已”的理。《岳阳楼记》得出了“先天下之忧而忧，后天下之乐而乐”的理，文中虽未具体写出针对哪件事，但作者实际是以大量的忠、奸、庸臣为靶子。有靶之文和无靶之文，一个结结实实、真真切切，一个虚虚囊囊、干干巴巴，天地之别。我们现在写言论经常是“要怎么样”、“应怎么样”、“必须怎么样”，一看就是上言亦言，人云亦云，心中无靶，在放虚箭。读者凭什么该这样，要这样呢？这文章当然不能打动人。

（2006 年 2 月）

头版是脸，头条是眼

《人民日报》16个版，每次签样，检点各版内容都感到可看的东西实在不少，许多文字也很有魅力，但为什么又常有人说不好看，不爱看呢？关键是好头条不多。20年前，社会上就流行一句话："看书看皮，看报看题。"择其首要，先入为主，这是阅读规律。对一张报纸来讲，头版是脸，头条是眼；对一个版面来说，头条是脸，标题是眼；对一篇消息来说，导语是脸，标题是眼。这可谓"新闻三眼"。要认识一个人，或者为吸引别人，脸和眼自然是最重要的。但是种种原因，我们的报纸各版头条硬新闻少，这张"脸"或"眼"就少有吸引力。

什么是硬新闻？可考虑至少三个条件：一是事件，二是时效，三是受众。我一直主张这个新闻定义："受众所关心的新近发生的事实的信息传递。"受众、新近、事实、信息、传递，共5个要素，我们择要取其三，再不能少。这样一衡量，许多会议、综述、专访、决定、总结等报道就很难是硬新闻。它们是将要干的事，不是已发生的、做完了的事；是事物的概貌，不是事物的具体纹理。这类消息上头条，冲击力自然就小。当然重要会议新闻，也可能有冲击力，这要看信息含量的多少。最终的检验标准还是受众，这是硬新闻三要素之最。

本月夜班强调各新闻版尽量消息打头、硬新闻打头。头版头条，从本月起，再不发固定设计的“头条工程”，而是选即时即效的硬新闻。如25日的头条《瞄准市场需求盯住效益不放 山东力保种粮农民增产增收 上半年农村人均收入增幅首次超过城镇居民》。就是处于小巷深处位置靠后的各版也都精选硬新闻。如6月25日11版头条《一千多万部手机进入淘汰期内含有毒物 151个城市开始绿色回收处理》，就很实，有受众。

（2004年6月夜班）

消息不能散文化

《新闻出版报》开展关于“消息散文化”的讨论，有的同志认为要寻求消息写作的新突破，就要消息散文化，有的认为不能，争论很激烈。其实这个问题在新闻界谈论已久。根据自己多年来从事新闻写作和散文创作的体验，我认为还是不提“消息散文化”为好。要弄清这个问题，得从新闻与文学的区别、联系及新闻写作的实践来分析。

一、新闻与文学的本质不同

新闻与文学，因为都是文字作品，常常被认为是一家，初学者更易混为一体。其实它们在本质上有严格的区别，简直就是截然不同的两件事。大致可以举出有 12 个方面的不同：（1）在本质上，新闻是信息，文学是艺术。（2）在功能上，新闻是传播信息，满足人们对信息的需求；文学是提供审美，满足人们对美的追求。（3）在选材上，新闻以事为主，虽然也有人，但是以事带人；文学以人为主，虽然也有事，但是以人领事。有人无事不成新闻，有事无人不成文学。（4）在作品的视点上，新闻是面对社会，文学是面对个体的人。新闻作品的效果主要看它作用于社会的回响，看它对社会

（政府、政策、形势、风尚等）的推动与影响。比如许多新闻就为政府、社会机构、企业、团体所关注。而文学却不会这样，它只作用于人，是通过对人心、人情的打动，通过审美功能而发挥社会功能。(5) 在构思上，新闻要绝对真实，文学却常用虚构。(6) 在写作过程上，新闻重采访，文学重写作。对新闻来说，采到了一个好题材，稿件就成功了一多半；对文学来说，作品主要靠加工，包括素材的重构。(7) 在作品形式与内容的关系上，新闻要求尽量地淡化形式，以免喧宾夺主；文学则尽量强化形式，以增强渲染效果。(8) 在处理作者主体上，新闻要求无我，尽量客观，不带感情色彩；文学则讲究有我，作品就是作者的影子、作者的心声。(9) 在文章风格上，新闻重直白，文学重修饰。(10) 在修辞分野上，新闻属消极修辞，文学属积极修辞。陈望道先生在《修辞学发凡》中将修辞分为两类：一类是积极的，适宜带感情色彩和艺术色彩的文体，即文学作品使用，如我们在散文、小说、诗歌中大量用到比喻、拟人、双关、对仗、拈连、顶真等修辞格；另一类是消极的，适宜严肃、客观的文体使用，如公文、公告、教科书等，新闻也属于这一类。通讯可适当增加一点积极修辞，介乎新闻和文学之间的报告文学又可以更多一点，但是消息是典型的新闻，它力戒华丽，基本用消极修辞。(11) 在文章结构上，新闻力求简明，将最重要的信息放在最显著的位置；文学则求变化，将作者的思想深藏于复杂新颖的形式之中。(12) 在审美取向上，新闻求质朴简洁的美；文学求绚丽多彩的美。新闻的本质不是艺术，但是它也讲美，不过它主要是靠事实本身内在的美，而不重装饰美。新闻是健美比赛中的运动员，尽量要少着装，以突出体格的强健。文学是台上的舞蹈演员，必须借助服装灯光，以表现美的韵律、韵味。新闻是“删繁就简三秋树”，文学是“花簇锦绣满园春”。以上我们列举了 12 个方面的不同，大概还可以举出一些，其中最主要的是本质和功能的不同，由此决定了各自风格的不同，新闻是用直白的风格突出客观的信息，文学是用含蓄的风格表达内心世界。所以新闻的典型文体——消息，与文学的典型文体——散文，二者间有一道不可逾越的鸿沟，消息不可能散文化。世界上的事所以美好，就是因为每一件事物都有自己的个性。规律限定了它们之间可以见好就学，但是不能一学就化。否则，化来化去也就不成大千世界了。

那么，散文世界是个什么样子呢？散文作为较集中体现文学特点的纯文学，它的审美功能更强。比如，它不同于以报道事件、人物为主的报告文学，也不同于以娱乐消遣为主的商品文学。它有三个美的层次。第一层是描写的美，如绘画中的素描；第二层是意境的美，如绘画中的写意；第三层是哲理的美，如绘画中的抽象画。一篇好的散文起码要具备其中一个层次，那些上乘之作就要兼具两个或三个层次。我们以范仲淹的名文《岳阳楼记》为例。“春和景明，波澜不惊，上下天光，一碧万顷”，这是描写的美；“心旷神怡，宠辱皆忘，把酒临风，其喜洋洋者矣”，这是意境的美；最后推出“先天下之忧而忧，后天下之乐而乐”，这是哲理的美。这是散文的最高境界，所以这篇文章传诵千古。既然我们说消息散文化，就是要向散文的最高标准看齐，要学这三个美，达到这三个层次，但这显然是不可能的。且不说三个层次，就是“化”到其中的一个层次，也会有损于新闻的个性，妨害它的功能。新闻之美和文学之美不能混淆，这就像舞台上的戏装很美，台步也很美，但是我们要是在马路上穿戏装、走台步，就不美了。质之不同，势所异也。

二、新闻向文学的有限借鉴

新闻与文学有着本质的区别。那么，它们能不能相互借鉴呢？能，因为它们之间还有相通之处，可以作有限的借鉴。事实上一切的借鉴都是有限的，都不可能全盘化来。

1996年9月2日 第1435期 第三版　　专　版　　新闻出版报 PRESS AND PUBLISHING JOURNAL

消息不能散文化

●梁衡

《新闻出版报》开展关于“消息散文化”的讨论，有的同志认为要寻求消息写作的新突破，就要消息散文化，有的认为不能，争论很激烈。其实这个问题在新闻界谈论已久。根据自己多年来从事新闻写作和散文创作的体验，我认为还是不提“消息散文化”为好。要弄清这个问题，得从新闻与文学的区别、联系及新闻写作的实践来分析。

一、新闻与文学的本质不同

新闻与文学，因为都是文字作品，常常被认为是一家，初学者更易混为一体。其实它们在本质上有严格的区别，简直就是截然不同的两件事。大致可以举出有12个方面的不同。

首先，在本质上新闻是信息，文学是艺术。二、在功能上，新闻是传播信息，满足人们对信息的需求；文学是提供审美，满足人们对美的追求。三、在选材上新闻以事为主，虽然也有人，但是以事带人；文学以人为主，虽然也有事，但是以人领事。有人无事不成新闻，有事无人不成文学。四、在作品的视点上，新闻是面对社会，文学是面对个体的人。新闻作品的效果主要看它作用于社会的回响，看它对社会（政府、政策、形势、风尚等等）的推动与影响。比如许多新闻就为政府、社会机构、企业、团体所关注。而文学却不会这样，它只作用于人，是通过对人心、人情的打动，通过审美功能而发挥社会功能。五、在构思上，新闻要绝对真实，文学却常用虚构。六、在写作过程上，新闻重采访；文学重写作。对新闻来说，采到了一个好题材，稿件就成功了一多半；对文学来说，作品主要靠加工，包括素材的虚构。七、在作品形式与内容的关系上，新闻要求尽量地淡化形式，以免喧宾夺主；文学则尽量强化形式，以增强渲染效果。八、在处理作者主体上，新闻要求无我，尽量客观，不带感情色彩；文学则讲究有我，作品就是作者的影子，作者的心声。九、在文章风格上，新闻重直白，文学重修饰。十、在修辞分野上，新闻属消极修辞，文学属积极修辞。陈望道先生在《修辞学发凡》中将修辞分为两类，一类是积极的，适宜带感情色彩和艺术色彩的文体，即文学作品使用，如我们在散文、小说、诗歌中大量用到比喻、拟人、双关、对仗、拈连、顶真等等修辞格。另一类是消极的，适宜严肃、客观的文体使用，如公文、公告、教科书等，新闻也属于这一类。通讯可适当增加一点积极修辞，介乎新闻和文学之间的报告文学又可以更多一点，但是消息是典型的新闻，它力戒华丽，基本用消极修辞。十一、在文章结构上，新闻力求简明，将最重要的信息放在最显著的位置；文学则求变化，将作者的思想深藏于复杂新颖的形式之中。十二、在审美取向上新闻求质朴简洁的美；文学求绚丽多彩的美。新闻的本质不是艺术，但是它也讲美，不过它主要是靠事实本身内在的美，而不重装饰美。新闻是健美比赛中的运动员，尽量要少着装，以突出体格的强健。文学是台上的舞蹈演员，必须借助服装灯光，以表现美的韵律、韵味。新闻是“删繁就简三秋树”，文学是“花簇锦秀满园春”。

以上我们列举了十二个方面的不同，大概还可以举出一些，最主要的是本质和功能的不同，由此决定了各自风格的不同。新闻是用直白的风格突出客观的信息，文学是用含蓄的风格表达内心世界。所以新闻的典型文体——消息与文学的典型文体——散文，二者间有一道不可逾越的鸿沟，消息不可能散文化。世界上的事所以美好，就是因为每一件事物都有自己的个性。规律限定了它们之间可以见好就学，但是不能一学就化。否则，化来化去也就不成大千世界了。

那么，散文世界是个什么样子呢？散文作为较集中体现文学特点的纯文学，它的审美功能更强。比如，它不同于以报道事件、人物为主的报告文学，也不同于以娱乐消遣为主的商品文学。它有三个美的层次。第一层是描写的美，如绘画中的素描；第二层是意境的美，如绘画中的写意；第三层是哲理的美，如绘画中的抽象画。一篇好的散文起码要具备其中的一个层次，那些上乘之作就要兼具两个或三个层次。我们以范仲淹的名文《岳阳楼记》为例，“春和景明，波澜不惊，上下天光，一碧万顷”这是描写的美；“心旷神怡，宠辱皆忘，把酒临风，其喜洋洋”这是意境的美；最后推出“先天下之忧而忧，后天下之乐而乐”，这是哲理的美。这是散文的最高境界，所以这篇文章传唱千古。既然我们说消息散文化，就是要向散文的最高标准看齐，要学这三个美，达到这三个层次，但这显然是不可能的。且不说三个层次，就是“化”到其中的一个层次，也会有损于新闻的个性，妨害它的功能。新闻之美和文学之美不能混淆，这就像舞台上的戏装很美，台步也很美，但是我们要是在马路上穿戏装、走台步，就不美了。质之不同，势所异也。

二、新闻向文学的有限借鉴

新闻与文学有着本质的区别，那么，它们能不能相互借鉴呢。能，因为它们之间还有相通之处，可以作有限的借鉴。事实上一切的借鉴都是有限的，都不可能全盘化来。

新闻与文学的相通相似之处主要有三点，一是语言，二是典型，三是形象思维。不过这三个方面，文学更广大、更丰富，新闻与之相重相叠的只是一个小角。文学是波澜壮阔的大海，新闻是一个傍岸的海湾，文学是连绵起伏的山野，新闻是一块山谷间的平原。比如在语言上，新闻只取消极修辞，偶用积极修辞。在典型上，文学可以塑造，新闻只能选择。在形象思维上，文学可以广为遐想，新闻却只限于形象的再现，所谓“现场感”。这样说丝毫没有小新闻、大文学的意思，因为反过来，从真实性、从直接的社会效果来说新闻又是海，而文学只是湖了。分工不同，角度不同而已。

虽然，新闻不能散文化，只可以向文学借鉴一小部分，但只这一小点，就足可以为新闻增色不少了。关于新闻向文学的借鉴我已另有专文讨论（见《新闻原理的思考》一书）。这里只说所谓“散文化”。

其实，主张消息散文化的同志，其确切的含义主要是指学习散文的语言，注意选择典型，再现现场，也不是说要化到可以尽情描写、塑造、抒情和组合结构。他们所举的例子实际上还是有限借鉴的范围。比如这一篇《诗人艾青告别如火人生》：

新华社北京5月5日电　我国现当代诗坛上杰出的诗人艾青，今天凌晨4时15分因病逝世，享年86岁。

艾青3月18日因肺部感染和心脏病住院治疗，26日发生心肺骤停，经协和医院全力抢救3个小时后恢复了心跳，但这位和中国新诗一起走过了半个多世纪的坎坷的诗人，却再也没有能恢复他的思维。今天黎明之际在家人的陪伴和今春最后一场春雨中，他终因多脏器功能衰竭，抢救无效而告别了自己诗情如火的一生。

与时代同感观，与人民共苦乐的艾青，自三十年代初登文坛，一鸣惊人，到年逾古稀仍诗泉喷涌，是中国新诗创作中成果最丰硕、影响最广泛的诗人之一。他为我们留下了大量情真意切的诗作和许多精彩的诗论、散文。其中《大堰河——我的保姆》、《向太阳》、《光的赞歌》等许多作品在我国乃至世界各国读者中广为流传。

中共中央政治局委员、书记处书记、中宣部部长丁关根得知艾老不幸去世的消息后，深表哀悼。他说，艾青同志为我国文学事业作出了卓越贡献，在诗歌创作和理论上取得了出色成就。丁关根关委托中宣部副部长、作协党组书记翟泰丰向艾青夫人高瑛及子女表示深切慰问并希望他们节哀保重。

今天早上在艾老家中刚刚布置的小小灵堂前，高瑛女士向中国作协党组和作协书记处有关负责人转达了艾青生前留下的有关丧事安排一切从简意愿。

这篇东西比一般消息是多一点文采，主要在第二三段。这里借用了文学中的细致描写，写他去逝的过程，加强了消息的现场感。另外有几个形容词“如火人生”、“诗泉喷涌”等。但它并没有达到散文所要求的美感。从内容上看仍然严格遵循着“新近发生的事实的报道”，结构也是典型的消息式，开篇就是一句报告艾青逝世的导语。所以不能作消息散文化的代表。因为如果我们拿散文的标准来衡量它的话，它又远远不是散文。而且可以看出，在第二段作者为了刻意追求文学效果，渲染一种气氛，这时作者的创作心态、审美取向显然已倾向于文学。这种长句式的铺排，抒情色彩很浓的如歌式的行板已经到了消息的边缘。偶一用之还可，所有的消息都这么写就像在马路上走台步了。

下面一条消息也是被人看好，说是有散文味道的：

两岁的北京女孩了了，拉着奶奶的手，迈着蹒跚的步子，走进宣传咨询台，伸出胖乎乎的小手，从地质矿产部副部长蒋承菘爷爷手中接过了一张宣传品，用好奇的目光打量上面还不认识的大字：地球与人类。

这是4月22日，记者在北京民族文化宫前的“世界地球日”宣传咨询点捕捉到的一个感人镜头。此刻以“保护资源、保护环境、保护地球”为内容的宣传咨询活动，正在中华大地上轰轰烈烈地举行……（《中国地质矿产报》1996年4月23日：《全国各地隆重纪念宣传“世界地球日”》）

这是一条复合式导语，核心信息是：4月22日北京开展“世界地球日”宣传。作者显然在努力借助形象思维，借助典型手法，他努力捕捉了一个镜头，再把它普遍化。等于绕了一个弯子来说话，这样是要缓和些、生动些，但是这样一来，导语也就只好长了，变成了两段。欲得之繁茂，必失之简练。

三、消息散文化可能引起的误导

提倡消息散文化，就是新闻文学化，这可能会在新闻写作上引起两点偏差：一是内容失实，二是形式的夸大导致新闻功能的削弱。

关于内容的失实。

新闻对文学来讲有一种天然的局限。新闻是以事实为半径画有限的圆，文学是以想象为半径画无限的圆。记者通讯员在写稿时面对手中的材料常有一种恨月不圆，恨花不红的感觉，会萌生一种合理想象，去人为补齐的冲动。就像足球运动员于关键时总想偷偷用手去碰一下球。如果我们提消息散文化就像提倡足球手球化一样，很易适应和助长这种犯规心理。这种在内容上失实的犯规，一是适应形势需要，借助文学的典型性去造一个假典型。二是借文学的小技巧编假故事，作者觉得笔下的人物、故事不完美，不生动，就于关键之处作一些增删，或者在令人遗憾的地方作些润色，或者干脆无中生有来编一个假情节。当读者以读真信息的心理接受到一个像小说里一样完美的人和事时，就像在荒野里突然采到了一支比人工种植的还要大的人参，自然是一种特别的惊喜。这就也使那些急于成名而又不愿在采访上下功夫的记者通讯员惊喜地发现了一条捷径。只是他们对这种小小的造假难免还有点羞羞答答，因为还没有可以这样做的理论根据。过去在新闻写作中曾有过是否可以“合理想象”的争论，这是为假新闻制造理论根据的一次小试探。许多有识之士坚决反对，认为这个小口子一开就不可收拾。现在提出消息散文化，新闻与文学间的藩篱全撤，更如长堤决水，后果更不堪设想。

关于形式的夸大。

形式在文学中有独立存在的审美价值，在新闻中却没有。相反，对新闻来说，形式稍稍过火就是内容的累赘。比如格律、八股、四六句可以为文却绝不能写新闻。散文化会误导作者对形式的过分追求。这也有两个方面，一是结构上的，二是语言上的。现在有些消息、通讯虽然事实没有任何的虚假，但是读来总让人不放心，或者不舒服，好像在看演戏。这是因为作者用的是文学的视点而不是新闻的视点，他是在搞创作，他将材料结构得十分完美，并透出一股自我欣赏。这恰是采摘与种植的区别，新手与老手的区别，匠人与大师的区别。匠人求像，大师求真；匠人求完美，大师求自然；匠人重装饰，大师重天成。中国画论“画到生时是熟时”，篆刻家刻好章后要“破边”，就是不要那人工味太重的四边框，让它由熟返生，返朴归真，这才叫真正的成熟了。而一些新手的新闻作品却在努力追求人工的装饰美、摆布美，从而导致作品中“我”的影子太重，喧宾夺主，反而降低了信息本身的震撼力。比如前面举到的“两岁女孩关心环保”就多少有点这种嫌疑。

在语言上可能引起的误导是过分地铺排和积极修辞的滥用，而使作品染上了一股脂粉气。这一点前面已有分析，就不再多说了。

总之，在形式上新闻可以向散文学习，但是不能化。学一点很新鲜，一化反而没有味了。比如相声中常会插唱一两句歌，听众感到很新鲜，但是如果相声唱歌化，听众就厌烦了，而且相声演员无论怎么化也赶不上专业歌唱家。

四、消息写作的突破口在哪里

主张消息写作散文化的同志以为这是改进消息写作的突破口，其实不然，这是没有看到事物的本质。消息写作的突破口应该是用最轻淡的形式，推出最强烈的效果。这种形式与内容（信息）的反差越大，新闻效果就越好，读者印象就越深。新闻归根到底是看它作用于社会的效果，就像一枚炸弹的效果要看它的辐射面、冲击波。衡量一条新闻的价值，一看它是不是事实，即真实性；二看它是不是最新发生的，即新鲜度；三看它是不是为最大多数读者急想知道的事，即覆盖面。这三点都齐备了，这条消息就价值连城了。事实上这种消息就是某个特定时刻的社会焦点，你找到了这个焦点，也就找到了新闻的突破口。这主要不是手上的技巧，而是眼上的功夫，是眼力，是机遇。任何人抓住这个机遇都会迅速通过，而不可能在形式上再扭捏一番。因为读者对信息的（不是文学的）需求心理是先将注意力集中于最重要的一点，这一点就是新闻的视点而不是文学的视点。这就是为什么在结构上新闻不同于文学，一定要有个最简明的导语，任怎么改革，这个结构也革不掉。比如战争爆发、突发灾害、一场重要比赛的报道，就是先要用最简明的话说出最新的最主要的情况。在消息中附带的形容、感叹、幽默有时也会有一点，但要控制在最少，少到正好能将信息说清楚，再多一点就要以辞害文了。就像健美比赛时的运动员，也要涂一点油，那是为了突现肌肉的光泽和轮廓，但是绝不能涂脂抹粉，更不能穿戏装。许多同志喜欢举毛泽东同志的《我三十万大军胜利南渡长江》，以为这是消息散文化，很欣赏其中一句“长江风平浪静，我军万船齐放，直取对岸”。但是你纵观全文：

【新华社长江前线二十二日电】英勇的人民解放军二十一日已有大约三十万人渡过长江。渡江战斗于二十日午夜开始，地点在芜湖、安庆之间。国民党反动派经营了三个半月的长江防线，遇着人民解放军好似摧枯拉朽，军无斗志，纷纷溃退。长江风平浪静，我军万船齐放，直取对岸，不到二十四小时，三十万人民解放军即已突破敌阵，占领南岸广大地区，现正向繁昌、铜陵、青阳、荻港、鲁港诸城进击中。人民解放军正以自己英雄式的战斗，坚决地执行毛主席、朱总司令的命令。

可以看出这条消息的魅力恰恰是它对于事件本身准确干净地表达，主要是信息本身的力量，而不是文学的力量，形式的运用恰到好处。

我国新闻界曾发生一场“消息能不能散文化”的大争论。这是作者为《新闻出版报》的这次大讨论写的结论文章

新闻与文学的相通相似之处主要有三点，一是语言，二是典型，三是形象思维。不过这三个方面，文学更广大、更丰富，新闻与之相重相叠的只是一个小角。文学是波澜壮阔的大海，新闻是一个傍岸的海湾；文学是连绵起伏的山野，新闻是一块山谷间的平原。比如在语言上，新闻只取消极修辞，偶用积极修辞。在典型上，文学可以塑造，新闻只能选择。在形象思维上，文学可以广为遐想，新闻却只限于形象的再现，所谓“现场感”。这样说丝毫没有小新闻、大文学的意思，因为反过来，从真实性、从直接的社会效果来说新闻又是海，而文学只是湖了。分工不同，角度不同而已。虽然，新闻不能散文化，只可以向文学借鉴一小部分，但只这

一小点，就足可以为新闻增色不少了。关于新闻向文学的借鉴我已另有专文讨论，这里只说所谓“散文化”。

其实，主张消息散文化的同志，其确切的含义主要是指学习散文的语言，注意选择典型，再现现场，也不是说要化到可以尽情描写、塑造、抒情和组合结构。他们所举的例子实际上还是在有限借鉴的范围内。比如这一篇《诗人艾青告别如火人生》：

新华社北京5月5日电 我国现当代诗坛上杰出的诗人艾青，今天凌晨4时15分因病逝世，享年86岁。艾青3月18日因肺部感染和心脏病住院治疗，26日发生心脏骤停，经协和医院全力抢救3个小时后恢复了心跳，但这位和中国新诗一起走过了半个多世纪的真挚的诗人，却再也没有能恢复他的思维。今天黎明之际在家人的陪伴和今春最后一场春雨中，他终因多脏器功能衰竭，抢救无效而告别了自己诗情如火的一生。

与时代同悲欢，与人民共苦乐的艾青，自30年代初登文坛，一鸣惊人，到年逾古稀仍诗泉喷涌，是中国新诗创作中成果最丰硕、影响最广泛的诗人之一。他为我们留下了大量情真意切的诗作和许多精彩的诗论、散文。其中《大堰河——我的保姆》、《向太阳》、《光的赞歌》等许多作品在我国乃至世界各国读者中广为流传。

中共中央政治局委员、书记处书记、中宣部部长丁关根得知艾老不幸去世的消息后，深表哀悼。他说，艾青同志为我国文学事业作出了卓越贡献，在诗歌创作和理论上取得了出色成就。丁关根并委托中宣部副部长、作协党组书记翟泰丰向艾青夫人高瑛及子女表示深切慰问并希望他们节哀保重。

今天早上在艾老家中刚刚布置的小小灵堂前，高瑛女士向中国作协党组和作协书记处有关负责人转达了艾青生前留下的有关丧事安排一切从简意愿。

这篇东西比一般消息是多一点文采，主要在第二、三段。这里借用了文学中的细致描写，写他去世的过程，加强了消息的现场感。另外有几个形容词“如火人生”、“诗泉喷涌”等。但它并没有达到散文所要求的美感。从内容上看仍然严格遵循着“新近发生的事实的报道”，结构也是典型的消息式，开篇就是一句报告艾青逝世的导语，所以不能看作消息散文化的代表。因为如果我们拿散文的标准来衡量它的话，它又远远不是散文。而且可以看出，在第二段作者为了刻意追求文学效果，渲染一种气氛，这时作者的创作心态、审美取向显然已倾向于文学，这种长句式的铺排，抒情色彩很浓的如歌式的行板已经到了消息的边缘。偶一用之还可，所有的消息都这么写就像在马路上走台步了。

下面一条消息也是被人看好，说是有散文味道的：

> 两岁的北京女孩丫丫，拉着奶奶的手，迈着蹒跚的步子，走进宣传咨询台，伸出胖乎乎的小手，从地质矿产部副部长蒋承菘爷爷手中接过了一张宣传品。用好奇的目光盯着上面还不认识的大字：地球与人类。
>
> 这是4月22日，记者在北京民族文化宫前的“世界地球日”宣传咨询点捕捉到的一个感人镜头。
>
> 此刻以“保护资源、保护环境、保护地球”为内容的宣传咨询活动，正在中华大地上轰轰烈烈地举行……
>
> （《全国各地隆重纪念宣传“世界地球日”》，载《中国地质矿产报》1996年4月23日）

这是一条复合式导语，核心信息是：4月22日北京开展“世界地球日”宣传。作者显然在努力借助形象思维，借助典型手法，他努力捕捉了一个镜头，再把它普遍化，等于绕了一个弯子来说话，这样是要缓和些、生动些。但是这样一来，导语也就只好长了，变成了两段，欲得繁茂，必失简练。

三、消息散文化可能引起的误导

提倡消息散文化，就是新闻文学化。这可能会在新闻写作上引起两点偏差：一是内容的失实，二是形式的夸大，导致新闻功能的削弱。

1. 关于内容的失实。

新闻与文学来比有一种天然的局限。新闻是以事实为半径画有限的圆，文学是以想象为半径画无限的圆。记者通讯员在写稿时面对手中的材料常有一种恨月不圆、恨花不红的感觉，会暗生一种合理想象，去人为补齐的冲动，就像足球运动员于关键时总想偷偷用手去碰一下球。如果我们提倡消息散文化就像提倡足球手球化一样，很易适应和助长这种犯规心理。这种在内容上失实的犯规，一是适应形势需要，借助文学的典型性去造一个假典型；二是借文学的小技巧编假故事，作者觉得笔下的人物、故事不完美，不生动，就于关键之处做一些增删，或者在令人遗憾的地方作些润色，或者干脆无中生有来编一个假情节。当读者以读真信息的心理接受到一个像小说里一样完美的人和事时，就像在荒野里突然采到了一支比人工种植的还要大的人参，自然有一种特别的惊喜。这也就使那些急于成名而又不愿在采访上下工夫的记者通讯员惊喜地发现了一条捷径。只是他们对这种小小的造假难免还有点羞羞答答，因为还没有可以这样做的理论根据。过去在新闻写作中曾有过是否可以“合理想象”的争论，这是为假新闻制造理论根据的一次小试探，许多有识之士坚决反对，认为这个小口子一开就不可收拾。现在提出消息散文化，新闻与文学间的藩篱全撤，更如长堤决水，后果更不堪设想。

2. 关于形式的夸大。

形式在文学中有独立存在的审美价值，在新闻中却没有。相反，对新闻来说，形式稍稍过火就是内容的累赘，比如格律、八股、四六句可以为文，却绝不能写新闻。散文化会误导作者对形式的过分追求。这也有两个方面，一是结构上的，二是语言上的。现在有些消息、通讯虽然事实没有任何的虚假，但是读来总让人不放心，或者不舒服，好像在看演戏。这是因为作者用的是文学的视点而不是新闻的视点，他是在搞创作。他将材料结构得十分完美，并透出一股自我欣赏。这恰是采摘与种植的区别，新手与老手的区别，匠人与大师的区别。匠人求像，大师求真；匠人求完美，大师求自然；匠人重装饰，大师重天成。中国画论“画到生时是熟时”。篆刻家刻好章后要“破边”，就是不要那人工味太重的四边框，让它由熟反生，返璞归真，这才叫真正的成熟了。而一些新手的新闻作品却在努力追求人工的装饰美、摆布美，从而导致作品中“我”的影子太重，喧宾夺主，反而降低了信息本身的震撼力。比如前面举到的“两岁女孩关心环保”就多少有点这种嫌疑。

在语言上可能引起的误导是过分地铺排和积极修辞的滥用，而使作品染上了一股脂粉气。这一点前面已有分析，就不再多说了。

总之，在形式上新闻可以向散文学习，但是不能散文化。学一点很新鲜，一化反而没有味了。比如相声中常会插唱一两句歌，听众感到很新鲜，但是如果相声唱歌化，听众就厌烦了，而且相声演员无论怎么化也赶不上专业歌唱家。

四、消息写作的突破口在哪里

主张消息写作散文化的同志以为这是改进消息写作的突破口，其实不然，这是没有看到事物的本质。消息写作的突破口应该是用最轻淡的形式，推出最强烈的效果。这种形式与内容（信息）的反差越大，新闻效果就越好，读者印象就越深。新闻归根到底是看它作用于社会的效果，就像一枚炸弹的效果要看它的辐射面、冲击波。衡量一条新闻的价值，一看它是不是事实，即真实性；二看它是不是最新发生的，即新鲜度；三看它是不是最大多数读者急于想知道的事，即覆盖面。这三点都齐备了，这条消息就价值连城了。事实上这种消息就是某个特定时刻的社会焦点，你找到了这个焦点，也就找到了新闻的突破口。这主要不是手上的技巧，而是眼上的功夫，是眼力，是机遇。任何人抓住这个机遇都会迅速通过，而不可能在形式上再扭捏一番。因为读者对信息的（不是文学的）需求心理是先将注意力集中于最重要的一点，这一点就是新闻的视点而不是文学的视点。这就是为什么在结构上新闻不同于文学，一定要有个最简明的导语。任怎么改革，这个结构也革不掉。比如战争爆发、突发灾害、一场重要比赛等的报道，就是先要用最简明的话说出最新的最重要的情况。在信息中附带的形容、感叹、幽默有时也会有一点，但要控制在最少，少到正好能将信息说清楚，再多一点就要以辞害义了。就像健美比赛时的运动员，也要涂一点油，那是为了突现肌肉的光泽和轮廓，但是绝不能涂脂抹粉，更不能穿戏装。许多同志喜欢举毛泽东同志的《我三十万大军胜利南渡长江》，以为这是消息散文化，很欣赏其中一句“长江风平浪静，我军万船齐放，直取对岸”。但是你综观全文：

> **新华社长江前线二十二日电**　英勇的人民解放军21日已有大约30万人渡过长江。渡江战斗于20日午夜开始，地点在芜湖、安庆之间。国民党反动派经营了三个半月的长江防线，遇着人民解放军好似摧枯拉朽，军无斗志，纷纷溃退。长江风平浪静，我军万船齐放，直取对岸，不到24小时，30万人民解放军即已突破敌阵，占领南岸广大地区，现正向繁昌、铜陵、青阳、荻港、鲁港诸城进击中。人民解放军正以自己英雄式的战斗，坚决地执行毛主席和朱总司令的命令。

可以看出这条消息的魅力恰恰是它对于事件本身准确干净的表达，主要是信息本身的力量，而不是文学的力量。形式的运用恰到好处。

（《新闻出版报》1996 年 9 月 2 日）

一个记者的责任与成功

一、要当记者，先说责任

讲这个题目前，我先讲一个故事，一个新闻史上再也抹不掉的故事。1980年一个青年作者向《吉林日报》投稿，这篇稿刊登在当年2月9日的报纸上，题为《钱被大风刮跑以后》，获得当年度的“全国好新闻奖”（“中国新闻奖”前身）。其大意是说作者（我）在长春大街上骑车，不小心撞上一个老人，把他手里的一叠人民币撞落在地，又被风刮跑，街上四处抢钱，老人失声大呼时，群众又陆续把钱送了回来，原来是帮他拾钱。再一数，又多出一张，原来是一位中年妇女把自己的一张钱也混了进去，人群中发出一阵笑声。这是一篇很精致的稿子，时间、地点、人物、原因、结果、现场感都有。当时大家也觉得好，社会反响也好，所以得了当年的全国新闻最高奖——“全国好新闻奖”。但是事后被人揭发是一条假新闻，很快又被撤销奖项，这就成了“中国新闻奖”评奖史上唯一的撤奖案例。这引发我们一个思考，如果稿中事实没有错呢？不就没有事了吗？什么都好，就差这一点，真与假交汇处的这一点，真理多迈了一步就是荒谬，就一票否决，全盘皆输。我相信作者也是在做着成名、得奖的梦，他的奖牌已经到手，但随即又破碎了。表面上看是稿件的真假，实质却是一个记者的责任，对事实负责，对读者、社会负责，也是对自己的名誉负责。这是新闻工作的最大的个性，也是它的前提和支柱。

凡社会上的工作可以分为两类，一类是个体性劳动（不是指个体劳动者），即劳动者工作目的重在个人的成就，更多考虑的是对自己负责。另一类是社会性劳动，即劳动者的工作目的，一开始就有强烈的社会服务性，追求社会效果和社会成就感，是为他人谋福利，先天下之忧，更多考虑的是对社会负责。

我们发现，两类工作最大区别是社会责任感的不同。个体性劳动，主要在追求自身的成功；社会性劳动，则在追求对社会的贡献，甚至是牺牲。他在求成功之前首先要奉献，要讲责任，尽责的彻底程度决定了他的成就和名声的大小、威信的高低。就像高风险有高回报一样，敢于担大责的人才会有大成就。清华老校长梅贻琦说，大学不是因为有大楼，而是因为有大师。每个有大作为的人不是他的本事大，首先是他的责任心大，社会给他提供的舞台大。记者和政治家同处于一种社会性劳动的大舞台，活跃于其上的人要珍惜这个舞台。中国历史上有个宋徽宗，放着皇帝这个社会性劳动的最大舞台不好好干，去搞个体性劳动的书法、绘画，他主持编了四本很有学术价值的资料《宣和画谱》、《宣和书谱》、《宣和博古图》和《宣和风筝谱》。还有个李后主不好好治国却善写词，结果却成了亡国之君。明代有个熹宗皇帝，不好好理政，却迷上做木工，做好的首饰盒，让太监拿到市场上去卖。他们当然也成就不了什么大业，成不了秦皇汉武。记者被称为“无冕之王”，有一个可以大有作为的社会性劳动大舞台，我们不要学宋徽宗，丢了大责任，去搞小作为。

20 世纪 30 年代，老诗人鲁黎曾有一首诗：“老是把自己比作明珠，总有怕被埋没的痛苦，把自己比作泥土吧，让别人把你踩成一条路。”记者也是这样：“把自己比作一个太阳，总觉得还不够亮。把自己当作月亮吧，要发光，先用双手托起一个太阳。”一个老记者，一生不知写了多少典型，捧起多少个太阳，然后他自己才可能得到一点光亮。就像一个政治家，他的思想和行动不知为多少人带来幸福，他才可以得到人们的尊敬。在我的记者生涯中，也已记不清借媒体挖掘表彰了多少个人物。其中影响最大的是我的成名作《一个农民养猪专家的故事》，稿中新闻人物由农民破格被录为国家干部，任当地科委副主任，改变了他的一生。这篇稿也获当年度“全国好新闻奖”。由这个题材创作的报告文学获“赵树理文学奖”。干我们这一行就是为隐者立传，为无名者传名。

记者就是马克思说的为使他人完美、他人幸福，因而也自己最幸福、最完美的人。他除了业有所成，在人格上还能成为伟大的人。所以职业道德对记者来说不单是人格高低的标志，还是事业成败的前提。记者职业道德的核心是 6 个字：“无私心，担责任”。有私心是当不了记者的，它注定你必须以天下为己任，勇敢地担当起社会责任。这是我们研究记者成功之路的大前提。

二、三种责任，政治为大

记者要承担的社会责任粗略分一下有三项：传播责任、政治责任和文化责任。

1. 传播责任。

传播信息是记者要承担的一切责任中最基本的责任，就像士兵要打仗，农民要种地，工人要做工一样，这是职业的规定。这里要特别注意三点：一是不能漏报新闻，不能不作为，该报的一定要报出去；二是不能报假新闻，不能搞职务犯罪；三是尽量报大新闻，把工作做到最好。

（1）关于不报新闻。这好像不可能，但确实存在。不报新闻一般有两个原因，一是偷懒、疏忽、失职，二是借权谋私“有偿不闻”。2002年查处的某中央新闻单位及地方两家小报共11名记者收受当事人的金元宝和现金合计7.46万元，因而不报一个矿的矿难，就是一个典型案例。由于种种私利的诱惑，传播失责，不报、假报时有发生。这是新闻界的老问题，也是记者修养的一个永恒课题。

（2）关于虚假新闻。发虚假新闻在作者常常是为了上稿，在媒体是为了引起轰动、扩大发行、争取广告，借商业规律来做新闻。主要的投机手法有二：一是文学性，编故事。典型例子有，1990年全国多家报纸报道的钓鱼钓得一个藏有金戒指夜壶的新闻，2001年3月14日《羊城晚报》登的《错位夫君夜换娇妻30年》的新闻。二是投政治之机，捕捉政治空气，围绕中心工作编造新闻。典型的有前面提到的1980年2月9日《吉林日报》刊发的《钱被大风刮跑以后》。奇怪的是，这篇稿虽当年被揭露，并取消奖项，以后20年来还是多次地被模仿、见报，只是人物、情节稍有改动，钱也由5元一张升为百元一张。还有1990年9月22日《四川法制报》关于计划生育的假新闻《杖打屁股签合同》。

（3）关于报大新闻。作为一名记者，不能不报，不能错报，这个最基本的问题解决了，就是报什么了。很简单，拣最大的事来报。新闻就是宣传鼓动众人之事，名记者就是尽量多地吸引自己的读者，是为最大多数的受众写稿。要克服小我、小众、小报意识，放眼抓大事。不要被小花絮、小情节误导。每天去追哪场体育比赛几比几，哪个明星有什么绯闻，哪个地方有人跳楼，这怎么能成名记者？1991年又有一篇参评“全国好新闻奖”的稿件，是记者在岁末年关之夜到妇产医院去等，钟声一响哪一个孩子先落地，就写一篇关于他的报道。这不但不能得奖，根本就不是新闻。它受众面太小，除了父母亲朋关心，社会上并不关心这件事。

徐宝璜先生是中国新闻学第一人，他当年在北大讲新闻学时说：新闻为多数阅者所注意之最近事实，若为全体阅者所注意，则为绝好新闻。新闻的影响面是以受众的多少为半径。无信息则无新闻，没有事就没有记者，无大事则无大记者。凡大事都是上升到政治层面的事。社会上每天发生各种事，大部分只影响一时、一地、一部分人，但当这事不管它是什么内容，经济的、军事的、外交的、卫生的、体育的、文艺的，如果足以影响到一省、一国、全球，关系到最多的人的利益时，它就是政治。2003 年“非典”流行，本是卫生，变成了政治；2008 年的奥运，本是体育，也是政治；2005 年台湾国民党代表团访大陆，第三次国共握手是政治；2006 年西藏铁路通车，是政治。为什么？这些事影响大，关系到国家民族的命运，是社会反响最大，记者必抢、必抓的新闻，也是记者成名的最大资本、最佳捷径。要成为名记者，但又排除政治，躲避大事，这不可能。只有站在政治的肩膀上才能成为名记者。

在传播责任这一点上，除前面提到的有意犯错误外，易犯的毛病有二：一是采不到消息就强调客观，怨当地不出新闻。二是看不见大新闻，热衷于小花絮、小镜头、小报意识。这里我送给大家两句话：一是记者出门跌一跤，也要抓回一把土，不能空手而归。二是贝壳虽好看，捡得再多也盖不成大厦。要训练自己抓大事的采访意识，眼花缭乱全不管，千头万绪抓大事，沉着冷静挖大事。

一个记者完成了传播责任，算是基本尽责了，基本成功了，但也只是一个信息传播者，可以打 60 分。真正尽职尽责争取大的成功还要履行下面的政治责任、文化责任。

2. 政治责任。

政治责任是指我们在采、编、报、播等阶段都要按政治准则、政治纪律办事。这准则、纪律是新闻以外的事，它不但管新闻也管其他部门，是基于全局、全社会利益的准则，大家都要遵守。只不过新闻在遵守这个共同原则时又加进了自己的个性，体现了新闻规律，是政治与新闻两个规律的结合。这就是毛泽东同志提出的政治家办报。政治责任可细分为三种责任。

（1）安全责任。把报道提升到国家安全、社会安全的高度不是耸人听闻，是客观存在，也是为了引起重视。这几年作为一种战略，各国都在谈论与国家利益有关的安全概念：能源安全、粮食安全、信息安全，等等。新闻作为信息产业的一部分确实涉及国家安全和社会安全。新闻是社会的黏合剂、润滑剂，在国家安全、稳定方面负有特殊责任。报与不报、报大报小，这里面都有政治。一个记者在履行国家安全责任方面，做得好是正常的，做不好则必定闯大祸，更谈不上什么成功。在今天电子媒体发达，互联网普及的情况下，制造舆论、控制信息、引导信息更成了一种斗争手段。美国已经正式组建一支信息部队。

（2）导向责任。传媒为什么要讲导向？这是由它的功能决定的。新闻的本质是信息，传媒的最基本功能是传播。信息的一个重要属性是“矢量性”，像射出的箭一样有指向。大众传媒，要考虑把大众导向何处，起码有两条标准：一是政治标准，维护国家、民族利益；二是道德标准，提高全社会的道德水准。这两条构成社会的价值体系，同时也决定着记者的价值取向和职责定位，不符合这两条就是误导。靠什么导向？两点：一是靠言论直接指导，旗帜鲜明。二是靠大量的事实、信息引导。特别是注意用头条引导。无论编者还是读者都是先看头条。头版是脸，头条是眼。写好头条，选好头条，考验传媒人的综合能力，特别是政治导向能力。这里有一个“三点一线”的公式：你首先要知道中央在抓什么，这是大局；第二要了解群众在想什么，这是基础；然后去找既符合中央精神，又反映群众呼声的那件新闻事实，即中间这个点。做到三点一线了，就是好头条，就引导成功了，你就尽到了导向责任。常犯的毛病是两点一线，如上面有新精神，在街上拦一个路人请他对着镜头，说几句感想，好像有上下两点，但无生动的新闻事件这个点，这就显得生硬。这是不得已而为之的急就章。还有记者发现一件事，也是当地群众关心的，但和全局关系不大，与上面这个点对不上，没有影响，甚至起负作用，也不行。

（3）监督责任。监督是一种权利。社会上将记者称为“无冕之王”，主要指可借助舆论力量来匡扶正义。社会每个成员都要有责任，为履行责任就要有监督，没有监督的行为必然泛滥，没有监督的权力必然膨胀。我们有各种机构、制度、纪律（如人大机关、纪委等）来行使监督，这是硬监督；还要有传媒的舆论监督，这是软监督，是一只看不见的手。硬、软两手都要用，监督才有效。从这个高度看，就知道记者身上监督责任的政治意义，是代行人民权利，既要坚定，又要慎重。

传媒和记者成功的一半是监督。这考验你的立场、判断力、智慧，最终提升你的影响力。记者要把它看成是一种神圣的使命，又是成功的机遇。一般来讲监督批评稿的影响比正面稿影响大，给记者带来的个人成名效应也大。监督在政治责任中是最难把握，最需要小心使用的。

但是，切记监督权不可滥用，更不可公权私用。例如，有记者借发批评稿到地方进行敲诈要钱、要物而身败名裂。对一个记者来说，履行政治责任，讲政治，这时他所发挥的作用就不是简单地传播了多少信息，而是站在全局的立场上，运用新闻手段、新闻规律来维护国家利益、人民利益，推动历史前进。这时会突然发现我们是记者，但同时又不是记者。我把它称为“位移现象”。

新华社一个老记者说过：记者最像什么？像县委书记。我说还小一点，你是哪级报社的记者，就要以哪级党委一把手的目光、胸怀、工作艺术来要求自己的稿件、版面、节目。当你最大地尽到一个记者政治责任时，你已经在不知不觉中位移而成熟为一个政治家了。从记者而成为政治家，这是一个多么大的成功。

3. 文化责任。

记者的传播责任是工作给他的任务，政治责任是社会对它的理性规定，而文化责任则是历史赋予它的使命。记者传播的信息将随时积累为文化，进而沉淀为历史。

传媒人要对文化负责，对历史负责。所以，我们先要弄清新闻在文化中的定位。什么是文化？辞典解释："文化是物质财富和精神财富的总和，一般又特指精神财富。""三个代表"重要思想的第三句是我们要代表先进文化前进的方向。先进文化的构成有四个条件：（1）要有超越前人的积累；（2）要有对错误或落后的批判；（3）要有新的个性的创造；（4）要经得起实践检验，能推广普及。即积累性、批判性、创造性和普及性。明白了这个基本概念，就会发现传媒和记者在文化构成的每个环节中都在起作用。我们平时看似简单的一个传播行为，实际在完成积累、批判（鉴别）、创新（表扬）、推广四个动作。把分散的、易碎的信息进行积累，去伪存真，筛选出那些最具创造性的个性的东西，一边普及，一边为历史留存。平时千百万读者看到、听到的信息，历史典册中将保留下去的事实、知识，都要经过我们的笔、版面、镜头来过滤，文化责任不可谓不大。

由于文化责任不像传播责任、政治责任那样，因事实的对错、导向的好坏立见效果，在新闻责任方面常被忽视。它是一种潜在的、间接的责任，更见记者的知识、思想、业务等综合功力。

记者在文化责任方面有三点要注意：

（1）既然负有筛选、积累、传播的使命，就要给读者以准确的知识以分清对错。因为文字知识、历史知识及各种百科知识缺乏而稿件错误百出、似是而非的事在媒体上时有发生。

（2）既然负有批判、鉴别的使命，就要给读者以先进的思想，以区分先进与腐朽。

新闻虽是在信息层面运作，但却要由思想层面指导。恩格斯说人是猴子变的，但猴子看猴子不如人看猴子更清楚。实践产生理论，但实践不能指导实践，必须靠理论来指导。我们在写稿、编稿时，常要用到思想理论层面的东西来指导新闻业务。

（3）既然是负有鉴别、扩大、积累的使命，就要区分美丑，给读者以正确的审美观。有些媒体，审美鉴别能力弱，过分强调版面、节目的娱乐化，甚至走向庸俗化。读者对传媒的阅读接受从低到高有六个层次：刺激、休闲娱乐、信息、知识、思想、审美。不同媒体可以各有侧重，但必须具备后三个层次，即较高层次为指导、作判断，就像幼儿、小学教材必须要成年人来编。媒体不能被受众的低层阅读兴趣所牵引。1993 年中新社发了一篇《周恩来与张若名》，这下不得了，许多小报可找到炒作机会了，转载时纷纷改标题为《周恩来的初恋女友》、《一个与周恩来擦肩而过的女人》。鲁迅当年曾批评一张小报是："耸动低级趣味者的眼泪。"这里就有一个价值取向。网站上曾轰动一时的木子美现象实质也是个文化责任问题。

上面，当我们讨论新闻传媒和一个记者的三项责任时，不得不涉及传播、政治、文化的规律，特别是它们与新闻的关系。于是我们又发现研究履行责任的过程，就是一个成功新闻人的修炼过程，而当责任尽到最大，就是一个优秀的名记者的产生。陆游说功夫在诗外，新闻之外的功夫在哪里？政治和文化是新闻的两个最大的外功。对一个记者来说，政治责任是让你不小、不私，高瞻远瞩，光明磊落；文化责任是让你不浅、不俗，学养深厚，敏锐从容。

一个好记者同时应该是一个政治家、文化人。这又涉及一个评价成功的名记者的标准问题。

三、名记者的四条标准

一个有成就的名记者大约要符合以下四条标准：

（1）有一篇或数篇在社会上产生了广泛影响的代表作；

（2）熟悉某一领域的报道并有权威性，所谓资深记者；

（3）有一定的新闻理论修养或其他相关的理论修养；

（4）有一本以上的专著。

这四条标准有三层含义。

第一层，包括第一、二条，你在实践方面要比别人突出，就是说要多写稿，写好稿。而记者工作是一种被动的采集作业（就像原始人的采果、捕猎生活，不是种植农业），好题材经常是可遇不可求，所以记者的成名并不完全公平。有时初出茅庐的年轻记者一稿成名，而运气不好的老记者 10 年也没碰到一个大题材、好题材。因此，衡量一个记者的业务实践水平要有两本账：一是有无在社会上引起轰动效应的好稿、名稿；二是在某个报道领域有无持续的影响。你可能一锄头挖出个金娃娃，有一篇好稿，但再无下文，名不持久，还不算名记者。你应该是既有一两篇好稿、名稿，同时在某一领域又常有好稿。既是一棵大树，但又不是一棵孤树，还得拥有一片树林。这样一个记者的实践才丰满、扎实。

第二层，即第三条，是理论层面。一个人如果只停留在实践层面，只是重复，熟练、快速而已，并不能创新。真正能突破、创新、有自己的个性（风格），必须是在实践的基础上掌握了理论思维，能够自觉地总结自己，借鉴别人，规划未来。他是按航线行船，按规律办事，他的成名不是偶然碰巧，而是水到渠成，能成名更能守其名。作为实践性很强的记者工作，稿件背后要有深厚的新闻传播、写作等理论做支撑，当然最好还应有一点文学、哲学、社会、科学等学科的知识和理论修养。物理学分实验物理和理论物理，虽然许多实验物理学家都得诺贝尔奖，但他们没有一个人不懂理论。参加书法比赛，你可以以草书、行书参赛，但还得附一幅楷书，就是看看你的基本功，避免借“花活”偶然得奖。名记者是对一个记者实践成绩的肯定，但这里也包括支持他的实践业绩的理论。这可以通过他的言论、文章、谈话、作品来考察。

第三层，指创新层面，即第四条，标志是有一本专著。时下记者编书成风，许多人将自己多年发表的稿件汇集成书出版，这作为纪念性文集可以，作为著作则没有意义。新闻是信息，大部分只起即时作用，过时作废，将作废的文字集成书，就像把你小学、中学的作业本集成书，除了自我安慰和纪念没有别的意义。许多记者、通讯员自报成绩，说自己多少年发表了多少万字，这不足评，就像你给人说我多少年来吃了多少顿饭，吃饭多并不就是光荣。饭的作用是转化为人的其他创造，如运动员夺了金牌，思想家有了新思路，艺术家有了新作品。像吃饭一样的每日采写播报等新闻实践，应该转化为一个名记者某一方面的创新成果。这可以是一次采访的作品，一种理论的思考，某一方面的研究等等。而作为文字工作者，这种研究常表现为结晶成一本书。书就是他的名片。但这书要符合两个条件：第一，和记者工作有关，是在记者生涯中产生的作品；第二，不是过时新闻报道的汇集，是一个记者实践积累之后的创新，它超越信息层面而进入知识、思想或审美层面。

一个记者只有尽到了社会责任，从事着丰富的新闻实践，产生了有影响的作品，有较深的理论修养，能将自己的实践和思考结晶为著作，这样他才能称得上是名记者。

以上我们谈到记者的责任与成功，可知两者是密不可分，互为表里的。责任是社会规定，是你对社会的义务，但又不止于此，它还是你成功的前提。责任尽到头就是成功，尽大责，大成功；尽小责，小成功。责任虽然是硬性规定，约定俗成，但不单是服从安排与执行命令就可以实现，尽责的同时又是修炼的过程，是熟悉把握规律的过程。将军尽卫国之责，必熟军事规律，记者尽传播之责，必熟新闻规律。责任尽到头就是专家学者。当我们背负一种责任而没有完成时，时时有自责的痛苦，就算你不知自责，社会的谴责也会给你压力和痛苦，而当我们完成责任时有一种如释重负的轻松和奉献以后的快乐，责任尽到头就是幸福，正如马克思说的，与人幸福，自己幸福。

记者从事社会性劳动，是社会工作者、社会活动家，是天赋大责的行业，所以是会得到大成功，能成为大学者，得到大幸福的人。

（《新华文摘》2007 年第 9 期）

文章之理

文章五诀

一篇文章怎样才好看呢？先抛开内容不说，手法必须有变化。最常用的手法有描写、叙事、抒情、说理等。如就单项技巧而言，描写而不单调，叙事而不拖沓，抒情而不做作，说理而不枯燥，文章就算做好了。但更多时候是这些手法的综合使用，如叙中有情，情中有理，理中有形，形中有情，等等。所以文章之法就是杂糅之法，出奇之法，反差映衬之法，反串互换之法。文者，纹也，花纹交错才成文章。古人云：文无定法，行云流水。这是取行云流水总在交错、运动、变化之意。文章内容空洞，言之无物，没有人看；形式死板，没有变化，也没有人看。

变化再多，基本的东西只有几样，概括说来就是：形、事、情、理、典五个要素，我们可以称为“文章五诀”。其中形、事、情、理正好是文章中不可少的景物、事件、情感、道理四个内容，又是描写、叙述、抒发、议论四个基本手段。四字中“形”、“事”为实，“情”、“理”为虚。“典”则是作者知识积累的综合运用。就是我们平常与人交流，也总得能向人说清一件景物，说明白一件事，或者说出一种情感、一个道理。所以这四个字是离不开的。因实用功能不同，常常是一种文体以某一种手法为主。比如，说明文主要用“形”字诀，叙述文（新闻亦在此列）主要用“事”字诀，抒情文主要用“情”字诀，论说文主要用“理”字诀。

正如一根单弦也可以弹出一首乐曲，只跑或跳也可以组织一场体育比赛。但毕竟内容丰富、好听、好看的还是多种乐器的交响和各种项目都有的运动会。所以无论哪种文体，单靠一种手法就想动人，实在很难。一般只有五诀并用才能做成斑斓锦绣的五彩文章。试用这个公式来检验一下名家名文，无不灵验。范仲淹的《岳阳楼记》是一篇“记”，但除用一两句小叙滕子京谪守修楼之事外，其余，“霪雨霏霏”、“春和景明”都是写形，“感极而悲”、“其喜洋洋”是写情，而最后推出一句震彻千年的大理“先天下之忧而忧，后天下之乐而乐”。形、事、情、理，四诀都已用到，文章生动而有深意，早已超出记叙的范围。梁启超的《少年中国说》是一篇讲国家图强的论文，但却以形说理，一连用了“老年人如夕照，少年人如朝阳。老年人如瘠牛，少年人如乳虎。老年人如僧，少年人如侠。老年人如字典，少年人如戏文……”等 9 组 18 个形象。这就大大强化了说理，使人过目不忘。毛泽东的《为人民服务》从追悼会现场说起，是形；讲张思德烧炭，是事；沉痛哀悼，是情；为人民服务，是理；引司马迁的话，或重于泰山，或轻于鸿毛，是典。五诀俱全，如山立岸，沉稳雄健，生机勃勃。有人说马克思的文章难读，但是你看他在剖析劳动力被作为商品买卖的本质时，何等的生动透彻：原来的货币占有者，作为资本家，昂首前行；劳动力占有者，作为他的工人，尾随于后。一个笑容满面，雄心勃勃；一个战战兢兢，畏缩不前，像在市场上出卖了自己的皮一样，只有一个前途——让人家来鞣。在这里，“形”字诀的运用，已不是一个单形，而是组合形了。可知，好文章是很少单用一诀一法，唱独角戏，奏独弦琴的。我们平常总感到一些名篇名文魅力无穷，原因之一就是它们都暗合了这个“文章五诀”的道理。

常有人抱怨现在好看的文章不多，比如，论说文当然是以理为主，但不少文章也仅止于说理，而且还大多是车轱辘话，成了空洞说教。十八般兵器你只会勉强使用一种，对阵时怎能不捉襟见肘，气喘吁吁。不用说你想“俘虏”读者，读者轻轻吹一口气，就把你的小稿吹到纸篓里去了。前面说过，形、事为实，情、理为虚，“五诀”的运用特别要讲究虚实互借。这样，纪实文才可免其浅，说理文才可避其僵。比如钱钟书《围城》中有这样一句话：“（男女）两个人在一起，人家就要造谣言，正如两根树枝相接近，蜘蛛就要挂网。”这是借有形之物来说无形之理，比单纯说教自然要生动许多。

文章五诀说来简单，但它是基于平时对形、事、情、理的观察提炼和对知识典籍的积累运用。如太极拳的掤、捋、挤、按，京戏的唱、念、做、打，全在临场发挥，综合运用。高手运笔腾挪自如，奇招迭出，文章也就忽如霹雳闪电，忽如桃花流水。

（《人民日报》2003 年 1 月 10 日）

提倡写大事、大情、大理

近年编书之风日甚。一编者送来一套文选，皇皇三百万言，分作家卷、学者卷、艺术家卷，共八大本。我问："何不有政治家卷?"这样一问，我不由回视书架，但见各种散文集，探头伸脖，挤挤擦擦，立于架上，其分集命名有山水、咏物、品酒、赏花、四季、旅游，只一个"情"字便又分出爱情、友情、亲情、乡情、师生情等等，恨不能把七情六欲、一天二十四小时、天下三百六十景都掰开揉碎，一个颗粒名为一集。"选家"既是一种职业，当然要尽量开出最多最全的名目，标新立异，务求不漏，这也是一种尽职。但是，既然这样全，以人而分，歌者、舞者、学者、画者都可立卷；以题材而分，饮酒赏月，卿卿我我，都可成书；而政治大家之作，惊天动地之事，评人说史之论，反倒见弃，岂不怪哉？如果把文学艺术看作是政治的奴仆，每篇文章都要与政治上纲挂线，文学必须为政治服务，当然不对，过去也确曾这样做过。但是如果文学远离政治，把政治题材排除在写作之外，敬而远之，甚至鄙而远之，也不对。

政治者，天下大事也。大题材、深思想在作品中见少，必定导致文学的衰落。什么事能激励最大多数的人？只有当时当地最大之事，只有万千人利益共存同在之事，众目所注，万念归一，其事成而社会民族喜，其事败而社会民族悲。近百年来，诸如抗日战争胜利、中华人民共和国成立、“四人帮”覆灭、十一届三中全会召开、改革开放、中国确立社会主义市场经济体制、香港回归等，都是社会大事，都是政治，无一不牵动人心，激动人心。

夫人心之动，一则因利，二则因情。利之所在，情必所钟。于一人私利私情之外，更有国家民族的大利大情，即国家利益、民族感情。只有政治大事才能触发一个国家民族所共有的大利大情。君不见延安庆祝抗战胜利的火炬游行，1949 年共和国成立庆典上的万众欢声雷动，1976 年天安门广场上怒斥“四人帮”的黑纱白花和汪洋诗海，香港回归全球所有华人的普天同庆，这都是共同利益使然。一事所共，一理同心，万民之情自然地爆发与流露。文学家艺术家常幻想自己的作品洛阳纸贵，万人空巷，但即便是一万部最激动人心的作品加起来，也不如一件涉及国家、民族利益的政治事件牵动人心。作家、艺术家既求作品的轰动效应，那么最省事的办法，就是找一个好的依托，好的坯子，亦即好的题材，借势发力，再赋予文学艺术的魅力，从大事中写人、写情、写思想，升华到美学价值上来，是为真文学、大文学。好风凭借力，登高声自远，何乐而不为呢？文学和政治，谁也代替不了谁，它们有各自的规律。从思想上讲，政治引导文学；从题材上讲，文学包括政治。政治为文学之骨、之神，可使作品更坚、更挺，光彩照人，卓立于文章之林；文学为政治之形、之容，可使政治更美丽、更可亲可信。它们是相辅相成的，不能绝对分开。

但是，目前政治题材和有政治思想深度的作品较少。这原因有二：

一是作家对政治的偏见和疏远。由于我们曾有过一段时间搞空头政治，又由于这空头政治曾妨碍了按文学艺术的规律创作，影响了创作的繁荣。更有的作家曾在政治运动中挨整，身心有创伤，于是就得出一个错误的结论，政治与文学是对立的，转而从事远离政治的“纯文学”。确实文学离开政治也能生存，因为文学有自身的规律，有自身存在的美学价值。正如绿叶没有红花，也照样可以为其叶。许多没有政治内容或政治内容很少的山水诗文、人情人性的诗文不是流传下来了吗？有的还成为名作经典。如《洛神赋》、《赤壁赋》、《滕王阁序》，近代如朱自清的《背影》、《荷塘月色》等。但这并不能得出另一极端的结论：文学排斥政治。既然山水闲情都可入文，生活小事都可入文，政治大事、万民关注的事为什么不可以入文呢？无花之叶为叶，有花之叶岂不更美？作家对政治的远离是因为政治曾有对文学的干扰，如果相得益彰互相尊重呢？不就是如虎添翼、锦上添花、珠联璧合了吗！我们曾经历过“文化大革命”时期什么都讲阶级斗争的“革命文艺”，弄得文学索然无味。但是，如果作品中只是花草闲情，难见大情、大理，也同样会平淡无味。如杜甫所言“但见翡翠兰苕上，未掣鲸鱼碧海中”。事实上，每一个百姓都从来没有离开过政治，作家也一天没有离开过政治。上述谈到的近百年内的几件大事，凡我们年龄所及赶上了的，哪个人没有积极参与，没有报以非常之关切呢？应该说，我们现在政治的民主空气比以前几十年是大大进步了，我们应该从余悸和偏见（主要是偏见）中走出来，重新调整一下文学和政治的关系。

二是作家把握政治与文学间的转换功夫尚差。政治固然是激动人心的，开会时激动，游行庆祝时激动，但是照搬到文学上，常常要煞风景，如鲁迅所批评的口号式诗歌。正像科普作家要把握科学逻辑思维与文学形象思维间的转换一样，作家也要能把握政治思想与文学审美间的转换，才会达到内容与艺术的统一。这确实是一道难题。它要求作家一要有政治阅历，二要有思想深度，三要有文学技巧。对作家来说首先是不应回避政治题材，要有从政治上看问题的高度。这种政治题材的文章可由政治家来写，也可由作家来写，正如科普作品可由科学家来写，也可由作家来写。中国文学特别是散文有一个好传统，常保存有最重要的政治内容。中国古代的官吏先读书后为士，先为士后为官。他们要先过文章写作关。因此一旦为政，阅历激荡于胸，思想酝酿于心，便常发而为好文，是为政治家之文。如古代《过秦论》、《岳阳楼记》、《出师表》，近代林觉民《与妻书》、梁启超《少年中国说》，现代毛泽东的《为人民服务》、《纪念白求恩》、《别了，司徒雷登》等许多论文，还有陶铸的《松树的风格》。我们不能要求现在所有的为官为政者都能写一手好文章，但也不是我们所有的官员就没有一个人能写出好文章。至少我们在创作导向上要提倡写大事、大情、大理，写一点有磅礴正气、党心民情、时代旋律的黄钟大吕式的文章。要注意发现一批这样的作者，选一些这类文章，出点选本。我们不少的业余作者，不弄文学则已，一弄文学，也回避政治，回避大事、大情、大理，而追小情小景，求琐细，求惆怅，求朦胧。已故老作家冯牧先生曾批评说，便是换一块尿布也能写它三千字。对一般作家来说，他们深谙文学规律、文学技巧，但是时势所限，环境责任所限，常缺少政治阅历，缺少经大事临大难的生活，亦乏有国运系心、重责在身的煎熬之感。技有余而情不足，所以大文章就凤毛麟角了。但历史、文学史就是这样残酷，十年之后，二十年之后，留下的只有凤毛麟角，余者大都要湮到尘埃里去。

我们现在所处的时期叫新时期，改革开放的新时期。毛泽东同志领导中国共产党建立人民政权，翻天覆地，为中国有史以来之未有，是新中国。邓小平同志开创有中国特色的社会主义，是新时期。新中国开创之初，曾出现过一大批好作品，至今为人乐道。新时期又该有再一轮新作品。凡历史变革时期，不但有大政大业，也必有大文章好文章。恩格斯论文艺复兴，说那是一个需要巨人，而且产生了巨人的时代。我们期盼着新人，期盼着好文章、大文章。中国共产党和中国人民过去的革命斗争及现在改革开放的业绩不但要流传千古，还该转化为文学艺术，让这体现了时代精神的艺术也流传千古。

（《人民日报》1998 年 7 月 17 日）

大地周刊·文学观察　　人民日报

提倡写大事、大情、大理

兼谈文学与政治

梁衡

近年编书之风日盛。一编者送来一文选，皇皇三百万言，分作家卷、学者卷、艺术家卷，共八大本。我问，"何不见有政治家卷？"问过之后，我不由得回视书架，但见各种散文集，探头伸脖，挤挤擦擦，立于架上，其分集命名有山水、咏物、品酒、赏花、四季、旅游等，只一个"情"字便又分出爱情、友情、亲情、乡情、师生情等等，恨不能把七情六欲、一天二十四小时、天下三百六十景都掰开揉碎，一个颗粒名为一集。"选家"既是一种职业，当然要尽量开出最多最全的名目，标新立异，务求不漏，这也是一种尽职。但是，既然这样全，以人而分，歌者、舞者、学者、画者都可立卷，以题材而分，饮酒赏月，卿卿我我，都可成书，而政治大家之作，惊天动地之事，评人说史之论，反倒见弃，岂不怪哉？如果把文学艺术看作政治的奴仆，每篇文章都要与政治上纲挂线，文学必须为政治服务，当然不对。但是如果文学远离政治，把政治题材排除在写作之外，敬而远之，甚至鄙而远之，也不对。

政治者，天下大事也。大题材、深思想在作品中见少，必定导致文学的衰落。什么事能激励最大多数的人？只有当时当势最大之事，只有万千人利益共存共在之事，众目所注，万念归一，其事成而社会民族喜，其事败而社会民族悲。近百年来，诸如抗日战争胜利、中华人民共和国成立、"四人帮"的覆灭、党的十一届三中全会召开、改革开放、中国确立社会主义市场经济体制、香港回归等，都是社会大事，都是政治，无一不牵动万众，激动人心。

夫人心之动，一则因利，二则因情。利之所在，情必所钟。于一人私利私情之外，更有国家民族的大利大情，即国家利益、民族感情。只有政治大事才能触发一个国家民族所共有的大利大情。君不见延安庆祝抗战胜利的火炬游行，1949年共和国成立庆典上的万众欢呼雷鸣，1976年天安门广场上怒斥"四人帮"的黑纱白花和汪洋诗海，香港回归全球所有华人的普天同庆，这都是共同利益使然，一事所共，一理同心，万民之情自然地集中爆发与流露。文学家艺术家常幻想自己的作品能够使洛阳纸贵，万人空巷，但便是许多部最激动人心的作品加起来，也不如一件涉及国家、民族利益的政治事件牵动人心。作家、艺术家既求作品的轰动效应，那么最有力的办法，就是找一个好的依托，好的坯子，亦即好的题材，借势发力，再赋以文学艺术的魅力，从大事中写人、写情、写思想，升华到美学价值上来，是为真文学，大文学。好风凭借力，登高声自远，何乐而不为呢？文学和政治，谁也代替不了谁，他们有各自的规律。从思想上讲，政治引导文学；从题材上讲，文学涵蕴政治。政治为文学之骨、之神，可使作品更坚、更挺，光彩照人，卓立于文章之林；文学为政治之形、之容，可使政治更美丽、更可亲可信。他们是各有互补，不能绝然分开的。

但是，目前政治题材和有政治思想深度的作品较少。原因有二：

一是作家对政治的偏见和疏远。由于我们曾有过一段时间搞空头政治，又由于这空头政治曾妨碍了文学艺术的规律，影响了创作的繁荣。更有的作家曾在政治运动中受整，身心有创伤，于是就得出一个错误的结论，政治与文学是对立的，转而从事远离政治的纯文学。确实有些文学离开政治也能生存，也有自身存在的美学价值。许多没有政治内容或政治内容很稀薄的山水诗文、人情人性的诗文不是存在下来了吗？但这并不能得出另一极端的结论：文学排斥政治。既然山水闲情都可入文，生活小事都可入文，政治大事，万民关注的事为什么不可以入文呢？无花之叶为叶，有花之叶岂不更美？如果政治和文学相得益彰互相尊重，不就是如虎添翼、锦上添花、珠联璧合了吗？事实上在党的十一届三中全会之后，过去一些"左"的做法和"左"的创作思想、创作模式已经得到根本性的改变。但是不能走到另一极端。我们曾经历过"文革"时期什么都讲阶级斗争的"革命文艺"，弄得文学索然无味。但是，如果作品中多是花草闲情，难见大情、大理，也同样平淡无味。如杜甫所言"或看翡翠兰苕上，未掣鲸鱼碧海中"。事实是，每一个百姓都从来没有离开政治，作家也一天没有离开政治。上述谈到的近百年内的几件大事，凡我们年龄所及赶上了的，哪个人没有积极参与，没有报以非常之关切呢？我们现在政治的民主空气比之前几十年是大大进步了。我们应该从余悸和偏见（主要是偏见）中走出来，重新调整一下我们认识中的文学和政治的关系。

二是作家把握政治与文学间转换的功夫尚差。政治固然是激动人心的，开会时激动，游行庆祝时激动，但是照搬到文学上，常常要杀风景。如鲁迅所批评的标语口号式诗歌。正像科普作家要把握科学逻辑思维与文学形象思维间的转换一样，作家也要能把握政治思想与文学审美间的转换，才能达到内容与艺术的统一。这确实是一道难题。它要求作家一要有政治阅历，二要有思想深度，三要有文学技巧。江泽民同志在新时期又提醒我们要讲政治，对作家来说首先要有从政治上看问题的高度。要积极大胆地去写大事。这种政治题材的文章可由政治家来写，也可由作家来写，正如科普作品可由科学家写，也可由作家来写。

中国文学有一个好传统，特别是散文，常保存有最重要的政治内容。中国古代的官吏先读书后为士，先为士后为官。他们要先过文章写作关。因此一旦为政，阅历激荡于胸，思想酝酿于心，便常发而为文，言大理，抒大情，是为政治家之文。如古代《过秦论》、《出师表》、《岳阳楼记》，近代林觉民《与妻书》、梁启超《少年中国说》，现代毛泽东的《为人民服务》、《纪念白求恩》、《别了，司徒雷登》及陶铸《松树的风格》等许多论文。我们不能要求现在所有的为官为政者都能写一手好文章，但是也不是我们所有的官员都没有一个人能写出好文章。我们不能要求所有的作家都去写政治，但是也不能都去回避政治。至少我们在创作导向上要提倡写大事、大情、大理，写一点有磅礴正气、党心民情的黄钟大吕式的文章。要注意发现一批这样的作者，选一些这类文章，出点选本。我们不少的业余作者，不弄文学也罢，一弄文学，回避大事、大情、大理，而追小情小眼，求琐细，求惆怅，求朦胧。已故老作家冯牧先生曾批评说，便是换一块尿布也能写他三千字。对一般作家来说，他们深谙文学规律，文学技巧，但时势所限，环境所限，常缺少政治阅历，缺少经大事临大难的生活，亦乏有国运系心、重责在身的煎熬之感，技有余而情不足。所以大文章就凤毛麟角了。但历史，文学史，就是这样残酷，十年之后，二十年之后，留下的只有凤毛麟角，余皆大都要淹到尘埃里去。

我们现在处在改革开放的新时期。毛泽东同志领导中国共产党建立人民政权，翻天覆地，为中国有史以来之未有，是新中国。邓小平同志开创有中国特色的社会主义，是新时期。新中国开创之初，曾出现过一大批好作品，至今为人乐道。新时期又该有再一轮新作品。凡历史变革时期，不但有大政大业，也必有大文章好文章。恩格斯论文艺复兴，说是一个需要巨人，而且产生了巨人的时代。我们期盼着新人，期盼着好文章、大文章。中国共产党和中国人民过去的革命斗争及现在改革开放的业绩不但要流传千古，她还该转化为文学艺术，让这体现了时代精神的艺术也千古流传。

诗本来就是附丽于声音的一种艺术。

诗的声音是天籁，是大自然赋予人类诸多特权中最特殊的一份。不能想象人类没有了诗，会是一种怎样的情景？远古、蛮荒、蒙昧以及不由分说的杀戮……我想，可能自从人类拥有了火种之后，也同时就拥有了诗歌吧？诗与火同在，也许不是比喻，就是历史的真实。

火苗跳动着，点燃着夜幕，温暖着人心，陶罐里的肉汤翻滚着，放射出一阵阵沁人心脾的芳香，围住火塘的人们，在这一刹那产生了莫名的冲动和感动，他们快乐地吟唱出一种对上苍的感谢，对一个温饱之夜由衷的满足，诗就这样在吟唱中诞生了。

这当然是我的猜想，事实上诗这门艺术的诞生很复杂，也许是起源于劳动，也许是起源于巫术，也许是因为崇高而美丽的爱情，也许纯粹是由于快乐的游戏……一种复合因素使人类拥有了诗歌，拥有诗歌的同时或是之前，诗歌的声音已鼓动、燃烧着人们的灵魂，所以声音，一种和谐与共鸣的声音是诗的载体，在没有文字与书写工具的岁月中依靠声音而代代相传；在产生了文字和工具直至当今的电脑时代，谁敢断言无诗永会不朽？

诗永远离不开声音的帮助，它们事已被一句"言为心声"牢牢地焊接在一"无声的诗"当然存在，不过这指的是种艺术——绘画；真正意义上的诗歌，

●文艺评论报刊召开座谈会　文艺评论和文艺评论报刊如何走向社会走向群众以及文艺评论的现状、队伍建设等问题，是文艺评论界关注的焦点。日前，江西省文艺评论委员会等单位，邀请首都及各地部分文艺评论报刊的负责人和评论家，在革命老根据地井冈山进行座谈。

与会同志认为，面对市场经济的冲击，面临新世纪的到来，文艺评论必须加强，也亟待全社会的支持。文艺评论的发展与繁荣，必须由作家（艺术家）、评论家、编辑家形成三位一体的"合力"，才能实现。文艺评论应该正确引导文艺创作沿着健康的方向发展，纠正错误思潮对文艺的影响；必须正确处理好作家和创作、读者与传媒之间的关系。评论家应该与人为善地开展文艺评论。而作品进入了市场，就应该允许并接受人们的"说短论长"。评论家和评论报刊应力戒"商业化"、"人情化"、"庸俗化"和"广告化"，坚持出于公心、热情帮助、以理服人。

用文学翻译政治

我一直认为文章写作主要有两个目的：为思想而写，为美而写。文章最后作用于读者的或是思想的启发，或是美的享受，可以此多彼少、彼多此少，当然两者俱佳更好。文章的题材可以是多样的：有的便于表现美感，如山水；有的便于表达思想，如政治。但政治天生枯燥、抽象，离普通人太远。其中虽含有许多大事、大情、大理，却不大与人“亲和”，难免令人敬而远之。要既取其思想之大，又能生美感，让人愉快地接受，就得把政治“翻译”为文学——发扬其思想，强化其美感。文学是艺术，如同绘画、音乐一样，专门给人以美的享受，但它又不像绘画、音乐那样是纯形式艺术，它有内容，有灵魂，内容美加形式美有更强的震撼力。

写政治题材的文章，不怕缺思想，因为那些经典的思想早已存在，它比作家自己苦想出来的不知要高出多少。怕的是翻译不好，转换不出文学的美感。而一般读者首先是为了审美而阅读，如果只是为了思想，宁可去看政治或学术读物。这种翻译是一个复杂的系统工程。其主要体会如下。

一、选择适合的典型

用文学翻译政治就是借政治人物和事件的光芒来照亮文学领地，照亮读者的心。政治题材虽然足够宏大，但并不是所有的政治素材都能入文学，它还必须符合文学的典型性。选材时我力求找到每一个人物或事件的最亮之点。如写毛泽东就选他延安时期最实事求是的那一段（《这思考的窑洞》），写周恩来就写他最感人的无私的品德（《大无大有周恩来》），写瞿秋白就写他坦诚的人格（《觅渡，觅渡，渡何处?》）。还有选取西柏坡这些能代表历史转折的关节点。而对人物又选其命运中矛盾冲突最尖锐的那一刻，而这多是悲剧的一瞬，却最易看到其生命的价值。如庐山会议上的彭德怀，“文革”中在江西被管制劳动的邓小平。历史又从来是现实的镜子，典型性就是针对性，这些已往的红色经典移入文学作品要能满足三个条件：一是已为实践所证明其正确；二是针对现在的问题仍有批判、指导、启发作用；三是为读者心中所想所思，有受众。我严格遵守这三个条件，这也是为什么作品一发表就反响较大，以后又被连连转载和再版的原因。

二、还神为人

政治是治国管人的学问，高高在上；文学是人学，有血有肉。文学所说的“人学”主要是指人的情感、性格和人格。曾经高高在上的“管人者”一下成了作家笔下解剖的对象，这好像很难接受。而我们过去又曾有过一段造神运动，把最高管理者，即领袖人物神化，作家不敢写，读者不爱看。从文学的视角来看政治人物，就要还神为人，要写出他们的情感、人格。一旦突破这一点，转过这个弯子，政治就贴近读者了。怎么转？一是淡化其政治身份，集中剖析他的人格；二是摆脱旧有形象，聚焦其真实的情感。

写人格，如瞿秋白："他觉得自己实在渺小，实在愧对党的领袖这个称号，于是用解剖刀，将自己的灵魂仔仔细细地剖析了一遍。别人看到的他是一个光明的结论，他在这里却非要说一说光明之前的暗淡，或者光明后面的阴影。这又是一种惊人的平静。"

写情感，如小平落难时为受株连而身残的儿子洗澡："多么壮实的儿子啊，现在却只能躺在床上了。他替他翻身，背他到外面去晒太阳。他将澡盆里倒满热水，为儿子一把一把地搓澡。热气和着泪水一起模糊了老父的双眼，水滴顺着颤抖的手指轻轻滑落，父爱在指间轻轻地流淌，隐痛却在他的心间阵阵发作。这时他抚着的不只是儿子摔坏的脊梁，他摸到了国家民族的伤口，他心痛欲绝，老泪纵横。"

写周恩来在被毛泽东批评后被迫写检查："从成都回京后，一个静静的夜晚，西花厅夜凉如水，周恩来把秘书叫来说：'我要给主席写份检查，我讲一句，你记一句。'但是他枯对孤灯，常常五六分钟说不出一个字。……天亮时，秘书终于整理成一篇文字，其中加了这样一句：'我与主席多年风雨同舟，朝夕与共，还是跟不上主席的思想。'总理指着'风雨同舟，朝夕与共'八个字说：'怎么能这样提呢？你太不懂党史，不懂党史。'说时眼眶里已泪水盈盈了。秘书不知总理苦，为文犹用昨日辞。"政治人物原来也有自己的酸甜苦辣。

三、"顺瓜摸藤"，还原形象

政治讲究结论，文学注重形象。用文学翻译政治就是还原结论之前的过程，你要告诉读者这"瓜"是怎么结出来的，描绘出它的藤和叶，这就是形象。是讲政治内容，但必须有文学形象。比如写毛泽东转战陕北。"胡宗南进犯，他搬出了曾工作九年的延安窑洞，到米脂县的另一孔窑洞里设了一个沙家店战役指挥部。古今中外有哪一孔窑洞配得上这份殊荣啊，土墙上挂满地图，缸盖上摊着电报，土炕上几包烟，一个大茶缸，地上一把水壶，还有一把夜壶。中外军事史上哪有这样的司令部，哪有这样的统帅？毛泽东三天两夜不出屋、不睡觉，不停地抽烟、喝茶、吃茶叶、撒尿、签发电报，一仗俘敌六千余。他是有神助啊，这神就是默默的黄土，就是拱起高高的穹庐、瞪着眼睛思考的窑洞。大胜之后他别无奢求，推开窑门对警卫说，只要吃一碗红烧肉。”毛泽东在延安窑洞里，一面担负指导战争，签发电报的重任，一面还要从事理论研究，写文章。这种双重身份是用这样一个形象来表达的：“他只能将自己分身为二，用右手批文件，左手写文章。他是一个中国式的民族英雄，像古小说里的那种武林高手，挥刀逼住对面的敌人，又侧耳辨听着背后射来的飞箭，再准备着下一步怎么出手。当我们与对手扭打在一起，急得用手去撕，用脚去踢，用嘴去咬时，他却暗暗凝神，调动内功，然后轻轻吹一口气，就把对手卷到九霄云外。他是比一般人更深一层、更早一步的人。”这些形象读者印象深刻，读后还常常说起，它早已不是那个天安门上挥巨手的形象。

四、含蓄表达，留出想象的空间

政治要明确，文学却要含蓄。政治是方针政策、法律，甚至可以是口号，但文学不行，它是艺术。相对来说，小说还可以直白一点，大篇幅地铺排，散文不行。散文精短，要求含蓄；诗歌更短，就更要含蓄。这时反而要把直白明了的政治理念翻译成含蓄的文学意境，本来可以一步到达偏要曲径通幽，人的思维就这么怪，朦胧和距离产生美感，这是美学规律，这就是散文创作中的找“意象”。意象是最能体现文章立意的形象，是一种象征，是诗化了的典型，是文章意境的定格。作家动笔之前，诗人先找韵脚，小说家先找故事，散文家先找意象。

散文名作中常有意象的运用，如朱自清的《背影》。政治题材天生宏大，找意象不易，可是一旦找见就顿生奇效。比如，用瞿秋白故居前的觅渡桥，来写瞿寻觅人生渡口而终不得的悲剧（《觅渡，觅渡，渡何处?》）；用红毛线、蓝毛线来写西柏坡时期党的战略转移（《红毛线，蓝毛线》）；用一条小船来写共产党 80 年的历程（《一个大党和一条小船》）等。《小船》一文两千个字，却有 46 处提到船。文章发表后像“觅渡桥”、“红毛线、蓝毛线”等，已经成了纪念馆新的重要内容，而被赋予了崭新的含义。参观者在举头敬仰之时，心中又泛起许多美好的联想。意象在文章中的使用一是天然性，可遇不可求；二是要有“象”，即具体的形象；三是要有“意”，即有象征性；四是要“意”大“象”小；五是“意”“象”之间要有较大反差，以收奇险之美；六是要有唯一性，既要空前，也要绝后，收个性之美。这是散文与其他文学形式的不同之处，也是政治散文最难写之处。

五、善用修辞

政治严肃，用消极修辞，以内容的准确表达为度；文学浪漫，用积极修辞，不仅准确，更求生动。生动的文学碰上严肃的政治，全靠语言的转换。不但修辞方面的十八般武艺都要用上，古典、口语、诗句、长短句等各种风格也都要灵活运用，以尽显语言的形式美。有时吸收口语所长，句式或整或散。如：“红毛线、蓝毛线、二尺小桌、石头会场、小石磨、旧伙房，谁能想到在两个政权最后大决战的时刻，共产党就是祭起这些法宝，横扫江北，问鼎北平的。真是撒豆成兵、指木成阵，怎么打怎么顺了。”（《红毛线，蓝毛线》）有时或整齐严谨，暗用旧典，求古朴深沉的韵味。如：“当周恩来去世时，无论东方西方，同声悲泣，整个地球都载不动这许多遗憾，许多愁。”（《大无大有周恩来》，化用李清照“只恐双溪舴艋舟，载不动、许多愁”）对重大理论思想也可幽默地表达：“可是我们急于对号入座，急于过渡，硬要马克思给我们说下个长短，强捉住幽灵要显灵。现在回想我们的心急和天真，实在让人脸红，这就像一个刚会走路说话的毛孩子嚷嚷着说：‘我要成家娶媳妇。’马克思老人慈祥地摸着他的头说：‘孩子，你先得吃饭，先得长大。’”（《特利尔的幽灵》）

（《人民日报》2011年6月14日）

为文第一要激动

我常听到这样的话：你看到此情此景又可写一篇好文章了。但我大多数情况下却心静如水，没有创作的激动。

写作就是一种感情和思想的喷发。你可以在学识、技巧各方面已有足够的准备，但是没有一个契机，它还是不能成文。就像一座火山要等百年千年才喷一次，也可能永远地怀抱岩浆，沉默不语。

文章之有激动和无激动大不一样。有激动为真文章，能感到作者想说话、说真话，读者就有新感觉、新启发。无激动，作者所写必抄袭，必重复，必说教，读来令人心烦。无激动之文有四种。一是新手学而为文，比如学生作文。这时作者的主要目标在掌握文字技巧，训练文字的驾驭能力，布局得当、文字通顺皆可，重在学形式，还不能一气贯文中，所以也多找不到什么激动之情。二是外行为文。有一部分人并不是当作家的料，但是对写作十分爱好，十分投入，而且自以为找到了感觉，一篇接一篇、一本接一本地写。实际上他是在照样画葫芦。他从一开始就没有找到那个激动点，没有找到进山的路。如果他有发表的条件，就更促成了这种恶性循环。甚至他一生就这样穿着皇帝的新衣，出席作家会议，上台领奖，为人签名等等。三是匠人原地踏步为文。有的人确实写过几篇成名作，但是再找不到新突破，又不甘心被人忘掉，就在自己原有的高度上不断重复。像一个匠人，在熟练地工作，所提高的只是技巧与速度，设计造型没有新突破，上不到大师这个台阶。四是老手敷衍为文。文章写多了就累人，名家也难篇篇激动，老手在为文债所逼时也会敷衍为文，并不去动真情。就像一个名演员，一生总演这一出戏，也有腻的时候，场场激动受不了。这四种人，第一、二种是根本不知道为文要激动；第三种是丢失了激动；第四种是懒得激动。

为文为什么要激动？就是为了产生一种爆发力、爆炸力，这样才能震撼人心，感动读者。读者捧读一篇新文章前，本来心静如水，全靠作者这一粒石子投入他心海之中，激起情感的涟漪。能不能投得准，是关键。而投之前，又要看作者是不是先激动，即先产生投的欲望。刘勰所谓“目既往还，心亦吐纳”。心不动，难为文。如果作者心如止水，怎么能指望读者其心如沸呢？激动者，情为所激，心为所动，实际上是一个由事物到作者，再到读者的连续过程，必得“双动”才行。作者不动情，不能为文；就算为文，读者不动心，不算好文。所以这个激动点一般要找在时代和最大多数人的共振点上，才能收大激动、大影响之效。比如，家家婚丧嫁娶，都有个人之喜、个人之悲。但这并不是社会全体之喜、之悲，这种文章写出来自己激动，别人并不激动。这就是为什么小情小景不足取。凡历史上留下来的名篇都是大激动之文。虽也有取之常情常景者，如朱自清《背影》，但实际上它是寓共性于个性，揭示出人伦之大情。

怎样才算有激动之文呢？简单说，就是无中生有，死中求活。无论是作者内心平静的世界，还是外部的客观事物，原本是孤立的，不成文章。只有两相一激，便无中生有，生出新的思想，便死寂之中忽然跃出活灵灵的情感。像春天第一声春雷，震醒冬眠蛰伏之物；像春雨浸润土中的种子，催生新芽。作家的修养学识经外部事物一激，就如原子辐射使生物变异，可以激发出想象不到的新思想、新情意、新文章。作家许多时候并不想为文，但忽遇外事外景所激，反会顺手写出一篇好文，正所谓“文章乃天成，妙手偶得之”。我写过许多山水文章，对象都是万年旧物，前人咏过何止千遍，但仍觉有可激动之处；也写过许多文章，都是古人故人，别人也多有抒写评点，但仍有激动我的地方。也还有许多的山水人物看过想过不知多少遍，但就是不想写，因为我还没有发现激动我的那个点。一个作品的成功，概括来说是“二次激动”、“三点一线”。先要作者激动，并发而为文，像杜甫那样“感时花溅泪，恨别鸟惊心”，再用这种文章去激动别人，洛阳纸贵。作者、写作对象、读者三点一线，在激动这根弦上共振才行。鲁迅说写不出时不要硬写，同样，不激动时，就不要提笔。

（1999 年 6 月 28 日）

文章要当钻石磨

在澳大利亚访问新得到一个知识，原来钻石难能珍贵处，主要在加工打磨。澳也有矿，南非也有矿，但南非钻石更有名。因为澳的加工技术只能打出四十几个面，南非可打出460多个面，面越多，折光就越多，无论从哪个细微的角度看，都能找到光彩夺目的新感觉。真是好矿诚珍贵，技绝价更高。

由此想到写文章。选材如选矿，初稿是坯料，就像一块有纹理的大理石。你只要从任何一个角度打磨一下，或者再打磨进任何一个深度，就会出现一种新的图案、色泽和纹路。随着角度的变换和深度的跟进，就产生一个一个的新结果，直到满意为止。这个过程可能要几十次、上百次。文章首先是打磨思想。开始你只是想到一个主题，一个方向。而在写作过程中常会在这里或那里闪出一个念头，就像一块奇石，开始加工时你只知道总的颜色、花纹，是猩红还是石绿，在打磨过程中会突然遇到一点好纹理、好色块，或是新奇的图案，这时就立即着意加工，突现它，丰富它。中国古代的名砚，除刻工精巧外，常常是能打磨出藏于石中的一团明月或一片绿叶，就让它浮现在柔润的青石砚边。我在云南见过一块极名贵的大理石，平光如镜，上面有一只花猫正伸出右前爪捕捉一只彩蝴蝶。

天啊，这是怎样的一块奇石，又是以怎样的打磨工夫才尽现其奇的啊！一块貌不惊人的石头里能打磨出天下无双的图案，你的文章坯子经过无数次打磨也能磨出一个最理想的效果。我的散文《最后一位戴罪的功臣》是描述林则徐在虎门销烟后被削职发配新疆的一段历史。在初稿中引用了林的一句诗：“羁臣奉使原非分”，是说他以罪臣之身被委派去勘测土地，是干着非分之事。同时，名不正、言不顺，处境很尴尬。在改到十数遍之后，不觉在“非分”上生出一段议论：“可知，世上之事，相差之远莫如人格之分了。有人以罪身忍辱负重，建功立业；有人以功位而鼠窃狗盗，自取其耻，自取其罪。确实，‘分’这个界限是‘人’这个原子的外壳，一旦外壳破而裂变，无论好坏，其能量都特别的大。”这段理性的升华使本来是叙事的文章顿然拔高了一截。但这是在修改到十数遍之后才打磨出来的，就像在打磨一块青绿大理石，突然露出点红，再小心地磨下去，一轮红日就破雾而出了。

这只是就文中思想的打磨略举一例。要最后将文章变成成品、精品还要做到语法准确、词语生动、结构新颖、修辞恰当、情真意切、神形兼备等等。只要有一面打磨不到，就不能显出它的最佳光彩。但是作者常常很难兼顾，磨光这一面却又伤了另一面，这便需要选取最佳组合了。如果能使这篇文章的光彩到了极致，那就是打磨出了一枚有 460 多面的钻石。

（2009 年 3 月 27 日）

文章为思想而写

人们为什么写文章？可以有很多目的。比如，为了传递信息，传播知识，为了创造艺术，创造美感。但还有更深的一层，就像开矿一样，是为了开采新的思想，交流新的思想。当然，并不是每一篇文章都能有新思想，但有新思想的文章肯定是好文章。这也是写作人追求的理想。

我自己最早写文章是学生时代作文。那主要是为了学习字词句的组合，好比小孩学步，只要会走，还谈不上走的目的。再后来写文章是当记者，是为传播信息。新闻属平实一类的文体，以陈望道先生修辞学的分类法，是消极修辞，只求内容之实，不敢求形式华丽。但因采访之需，要接触各种人和事，感情常被感染，于是我又明白，文章是表达情感的。因南北奔波常行名山大川之间，感于自然之美，再勾起肚子里小时读进去的那些美文，又明白文章是要表达和创造美感的。但随着年龄的增长和阅历的增加，许多事理在胸中冲撞、激荡和沉淀，许多想法从无到有，许多事从不懂到懂，我渐渐明白，文章还有更深一层的目的：它是用来开采和表达新思想的。

前些年，我曾写过一篇文章，提出散文美的三个层次。第一层是描写叙述的美，写景、状物、叙事、传递信息、传播知识等，求的是准确、干净。第二层是情境之美，即要写出感觉、感情、美感。第三层是哲理之美，即要写出新的思想。这种美在文学作品中有，在许多政论、哲学和科学论文甚至讲话中都可找到。只要有新的思想，就有美的魅力（当然，兼有其他的美更好）。我们平时看报纸、读社论、听讲话，大部分时候留下的印象不深，就是因为这些文章讲话只到了传递信息、决定、指示这一层，还没有给人以新思想。而一篇文章或一篇讲话中有了新思想的火花，便如闪电划过夜空，你会有永久的记忆。比如“文化大革命”十年我们已经习惯了一切按“最高指示”办，报上文章无不重复着这样的话。但突然1978年《光明日报》冒出一篇文章说“实践是检验真理的唯一标准”，提出一个很有震撼力的新思想，所以至今人们对这篇文章记忆犹新。再细想一些古文名篇所以能流传下来成为经典，除有艺术之美外，大都是因为它们首先说出了一种前人没有说出的新思想。如“业精于勤荒于嬉，行成于思毁于随”，如“天将降大任于斯人也，必先苦其心志，劳其筋骨，饿其体肤”，如“桃李不言，下自成蹊”，如“亲贤臣，远小人”等，这些哲理名言都让人常读常新，而这些文章也得以代代流传。可以说裹藏在文章中的思想，是这些文章在人们头脑里代代繁殖的种子。当然，光有种子的颗粒还不行，还得有茂盛的枝干花叶，所以文章还得有文采，还得有前两个层次的衬托。作为文学作品，如果三个层次都达到了便是不朽好文。比如《岳阳楼记》，有洞庭湖景色的描写之美，有作者由此引发的情感之美，而最后又推出作者独自悟出的思想“先天下之忧而忧，后天下之乐而乐”，达到了一种哲理之美。这篇文章所以能流传千古，气贯百代，老实说，主要是因为这句话，这一个新思想。

人们或许会问，社会上每天文章千千万，哪能篇篇都有新思想？是的，许多文章只是完成了传递信息、传播知识、讲述故事的任务，作为一般人，这就够了。但作为作家、思想者，这却不够，他必须使自己的文章有新思想，要挖出别人没有表述过的思想。对这种新思想的追求就像铸炼新词新句一样，务求个性，务求最新，"语不惊人死不休"，篇无新意不出手。因为你是"专门家"，弄文章的"专家"，当然就应与其他人的文章不同。就像跑步，一般人快点慢点都无所谓。而运动员则不同，他必须跑出比别人快的成绩，因为他是专门干这个的。如果百米纪录是十秒，所有跑十秒零几的人都不算数，都不会被人记住，唯有跑到九秒几的人才会被人记住。这零点一二秒才是运动员生命的意义。同理，文章中的新思想才是作家生命的增长点。

历史老人将首先选择那些有新思想、有新鲜艺术感的文章传之后代，并根据其思想和艺术水平的程度决定它存留的时间。

（《新湘评论》2009 年第 6 期）

书与人的随想

在所有关于书的格言中，我最喜欢赫尔岑的这句话：“书是行将就木的老人对刚刚开始生活的年轻人的忠告……种族、人群、国家消失了，但书却留存下去。”

人类社会是一个连续发展的过程，我们常将它比作历史长河，而每个人都是途中坐船搭行一段的乘客。每当我们上船之时，前人就将他们的一切发现和创造，浓缩在书本中，作为欢迎我们的礼物，同时也是交班的嘱托。由于有了这根接力魔棒，人类几十万年的历史，某一学科积几千年而有的成果，我们便可以在短时间内将其掌握，而腾出足够的时间去进行新的创造。书籍是我们视接千载、心通四海的桥梁，是每个人来到这个世界上首先要拿到的通行证。历史愈久，文明积累愈多，人和书的关系就愈紧密相连。

现实生活中我们常常会发现一个新世界，比如海洋、太空、微生物等等。凡新世界都会给我们带来无穷的乐趣。但真正大的世界是书籍，它是平行于物质世界的另一个精神世界。有位养生家说：“健康是幸福，无病最自由。”这是讲作为物质的人。大多正常的人刚生下来没有任何疾病，一张白纸，生机盎然，傲对当世。以后因风寒相侵，细菌感染，七情六欲，就灾病渐起，有一种病就减少一分活动的自由。作为精神的人正好与此相反。他刚一降生时，对这个世界一无所知，迷蒙蒙，怯生生，茫然对来世。于是就识字读书，读一本书就获得一分自由，读的书越多，获得的自由度就越大。所以一个学者到了晚年，哪怕他是疾病缠身，身体的自由度已极小极小，精神的自由度却可达到最大最大，甚至在去世之后他所创造的精神世界仍然存在。哥白尼一生研究日心说，备受教会迫害，到晚年困顿于城堡中，双目失明，举步维艰，但他终于完成了划时代巨著《天体运行》。到去世前一刻，他摸了摸这本刚出版的新书欣然离开了人世。这时他在天文世界里已获得了最大自由，而且还使后人也能不断分享他的自由。

中国古代有人之初性恶性善之争。我却说，人之初性本愚，只是后来靠读书才解疑释惑，慢慢开启智慧。凡书籍所记录、所研究的范围，所涉及的东西，他都可以到达，都可以拥有。不读书的人无法理解读书人的幸福，就像足不出户者无法理解环球旅行者或者登月人的心情。既然书总结了人类的一切财富，总结了做人的经验，那么读书就决定了一个人的视野、知识、才能、气质。当然读书之后还要实践，但这里又用到了高尔基的那句话："书籍是人类进步的阶梯。"如果你脚下不踏一梯，你的实践又能走出多远呢？那就只能像一只不停刨洞的土拨鼠，终其一生也不过是吃穿二字。你可以自得其乐，但实际上已比别人少享受了半个世界。一个人只有当他借助书籍进入精神世界、洞察万物时，他才算跳出了现实的局限，才有了时代和历史的意义。古语言：知书达理。谁掌握了真理，谁就掌握了世界。所以读书人最勇敢，常一介书生敢当天下。像毛泽东当年就是以一青年知识分子而独上井冈，面对腥风血雨坚信必能再造一个新中国，他懂得阶级分析、阶级斗争这个理。像马寅初那样，敢以一朽老翁面对汹汹批判，而坚持到胜利，他懂得人口科学这个理，他知道即使身不在而理亦存，其身早已置之度外。

读书又给人最大的智慧。爱因斯坦在伽利略、牛顿之书的基础上，发现相对论，物理世界一下子进入一个新纪元。马克思研读了他之前的所有经济学著作，发现了剩余价值规律，指出资本主义必然灭亡，一下子开辟了社会主义革命的新纪元。他们掌握了事物之理，看世界就如庖丁解牛，“以神遇而不以目视”，这是常人之所难及。所以从一定意义上讲，读书造人。你要成为某方面有用的人，就得攻读某方面的书，你要有发现和创造，就得先读前人积累的书。毛泽东讲，从孔夫子到孙中山都要给以总结。历史也就真的产生了毛泽东、邓小平这样的巨人。这就是为什么一个民族的或者世界的伟人，必定是一个知识分子、一个读书人、一个读书最多的人。

我们作为一个历史长河中的旅人，上船时既得到过前人书的赠礼，就该想到也要为下一班乘客留一点东西。如果说读书是一个人有没有求知心的标志，那么写作就是一个人有没有创造力和责任感的标志。读书是吸收，是继承；写作是创造，是超越。一个人读懂了世界，吸足了知识，并经过了实践的发展之后才可能写出属于他自己而又对世界有用的东西，这就叫贡献。这样他才真正完成了继承与超越的交替，才算尽到历史的责任。写作是检验一个人的学识才智的最简单方法，写书不是抄书，你得把前人之书糅进自己的实践，得出新的思想，如鲁迅之谓吃进草，挤出牛奶。这是一种创造，如同科学技术的发现与发明，要智慧和勇气。小智勇小文章，大智勇大文章。唐太宗称以铜为镜、以史为镜、以人为镜，其实文章也是一面大镜子，验之于作者可知驽骏。古往今来，凡其人庸庸，其言云云，其政平平者，必无文章。古人云立德立言，人必得有新言汇入历史长河而后才得历史的承认。无论马、恩、毛、邓，还是李、杜、韩、柳，功在当世之德，更在传世之文，他们有思想的大发现大发明。我们不妨把每个人留给这个世界的文章或著作算作他搭乘历史之舟的船票，既然顶了读书人的名，最好就不要做逃票人。这船票自然也轻重不同，含金量不等，像《资本论》或者《红楼梦》，那是怎样一张沉甸甸的票据啊！书的分量，其实也是人的分量。

不读书愚而可哀，只读书迂而可惜，读而后有作，作而出新，是大智慧。

（《光明日报》1999 年 5 月 21 日）

书籍是知识的种子

一天，一位编辑给我送来一本大书，极好的画报纸，九寸宽，一尺三寸长，十五斤重，实在无法捧读。想放在书架上，插不进去，只好放在茶几上，压了八个月，茶几也不堪重负，不得已，将其请出了办公室。现在的书不求内容的实在却一味地追求形式的奢华，摆设功能正在悄悄地取代阅读功能。一次在大会堂碰见了出版界老前辈叶至善老人，他深有感慨地说："书是越出越多，越出越大，一些儿童读物也动辄几大卷，一厚本，孩子们怎么翻得动?"书出得多一些、好一些，本是好事，但徒求其形，不究其质，多而不精，就堪忧堪虑了。

既然读书的人都觉得太多太滥，编书的人为什么还一个劲地出呢？抛开经济利益不说，这里有一个贪大求名、以大为荣、大即有功、大可传世的大错觉。

一本书之所以成名传世，不是因为其字多本大，而是因其内容之精，代表了当时某一领域的知识顶峰，后人可赖以攀登。历史上有没有大书，有。但它首先不是大，而是精。《史记》是一本大书，从传说中的黄帝一直写到汉代，凡一百三十卷，五十二万字，作者整整写了十六年。它在记事、析理及文学艺术上都达到了一个精字，成了后人治史为文的楷模。《资治通鉴》是一本大书，但作者一开始就是从求精的目的出发，他深感《春秋》之后到北宋已千余年，书实在是太多了，只主要的史书就已积存了一千五百余卷，一般知识分子一生也难通读，因此有必要辨其真伪，撮其精要，写一本既存史实、又资治国的好书。他精心工作了十九年，终于完成了这本以史为镜、明兴替之理的大书，大大影响了以后的中国历史。《资本论》是一本大书，但这主要不是因为它浩浩万言，而是因为它揭示了在这之前别人还没有发现的关于剩余价值的原理，从而揭示了资本主义必然灭亡的规律。无论是司马迁、司马光还是马克思，他们所完成的书虽然都很大，但相对于从前浩瀚的书卷，却是精而又精了。

即使这样，一般读者对这种大书仍然不能通读，主要影响读者的还是其中精辟的章节和主要的观点。再大的书也只能把精髓集中于一点。就像关公的大刀再重，刀刃也是薄薄一线；张飞的蛇矛再长，矛锋也是尖尖的一点。精髓不存，大书无魂；精髓所在，片言万代。一篇《岳阳楼记》代代传唱，皆因其“先忧后乐”的思想；一篇《出师表》千年不衰，全在“鞠躬尽瘁”的精神。文无长短，书无大小，有魂则灵，意新则存。所以，许多薄篇短章仍被作为宏文巨著载入史册，甚至有的还被史家以此来划分年代。1543 年被认为是欧洲文艺复兴的开始，就是因为这一年出版了两本科学专著：维萨留斯的《人体结构》和哥白尼的《天体运行》。1905 年被认为是现代物理学的开端，因为这一年爱因斯坦发表了震惊世界的相对论，但这个宏论却是发于当年的《物理学纪事》杂志上的三篇薄薄的论文。三十多年后一支反法西斯志愿军缺乏经费，只求爱因斯坦将这杂志找出来将文章重抄了一遍，就拍卖了 400 万美元，武装了一支军队，真是字字千金。这些书或文章从字数来说比起我们现在动辄千万言的“大系”、“全书”来，算是豆芥之微，但其作用之大却如日月经天。写书本来就是有话则长无话则短，现在却有点“学者不知书滋味，为成巨著强凑字”。

因常写东西，我有时也闭目自测，到底对自己的写作产生过重大影响的是哪些书。细算下来竟大都是一些短篇。中学时背过一些《史记》列传、唐宋文章，在以后的散文和新闻写作中，时时觉得如气相接，如影相随。打倒“四人帮”后，又得以重新细读朱自清、徐志摩，自觉又如被人往上推了一把。20 世纪 70 年代末，无意中看到一本薄薄的新校点的《浮生六记》，语言之清丽令人如沐春风，一见就不肯放手，以后又研习再三，从中得到不少启发。写作《数理化通俗演义》时，知识和资料全部来源于各种科普和科学人物的小册子，因为这些小册子都是从千年科海中打捞出来的最精的实货。大约一般人的读书心理总是寻找林中秀木、沙滩珍珠和羊群里的骆驼。总是想用最短的时间，获得最有用的知识。所以小而精的书利用率最高。

本来书籍的功能就是积累知识，没有积累，不能把有价值的东西留传给后代，书籍就没有生命。前人论书的本质和功能大多集中于这一点。高尔基说：“书是人类进步的阶梯。”阶梯者，不断向前延伸也。赫尔岑说：“书，这是这一代对另一代人的遗训，这是行将就木的老人对刚刚开始生活的年轻人的忠告，是行将去休息的站岗人对走来接替他的岗位的站岗人的命令。”既然是遗训、忠告、命令，当然要尽量提炼出最重要的东西，然后再将其压缩在最精练的文字中，哪能像我们现在这样动辄百万言、千万言地拉杂。古人讲“立言”，言能立于世必得有个性，不重复，有创造。所以杜甫说“语不惊人死不休”。我想顺着他的意思可以这样说：“语不惊人死不休，篇无新意不出手。著书必求传后世，立事当作空前谋。”牛顿说，他的成功是因为站在了巨人的肩膀上，是因为巨人们用一本本的书搭成了一条台阶，托着他向上攀登。牛顿的脚下踩着哥白尼的《天体运行》、伽利略的《对话》，而爱因斯坦又踏着牛顿的《自然哲学的数学原理》，给后人留下了相对论。

书籍是什么？我觉得还可以说书籍是知识的种子。50 年代曾发生过这样一件轰动一时的事：我国考古工作者在东北某地挖掘出一粒在地下埋藏了千年的古莲子，经过精心培育，居然发芽长叶开出了一朵新莲花。如果当时埋在土里的不是一粒种子而是一团枝叶呢？我们现在挖出的就只能是一团污泥。1865 年奥地利科学家孟德尔发现了生物遗传规律，他在一次科学会议上宣布后，竟无一人理解。第二年他将此写成论文发表，并分藏到欧洲的一百二十个图书馆，直到三十四年后才又被人重新发现和证实。若没有这些书籍做种子，埋种在先，科学发现不知又要被推后多少年。今天，如果我们凑够字数就出书，那就是在田野里播种莠谷，看似一片茂盛，到秋天却颗粒不收。这样既浪费了今天的资源，又断绝了子孙的口粮，何必这样做呢？

（《人民日报》1995 年 2 月 27 日）

文　化　　　　人民日报

精髓不存，大书无魂；精髓所在，片言万代。凑字数出书，如播种莠谷，看似一片茂盛，秋天却颗粒不收——

书籍是知识的种籽

□梁　衡

一天，一位编辑给我送来一本大书，极好的画报纸，30厘米宽，45厘米长，7.5公斤重，实在无法捧读，想放在书架上，插不进去，只好放在茶几上，压了8个月，茶几也不堪重负，不得已，将其请出了办公室。现在的书不求内容的凝练却一味地追求形式的奢华，摆设功能正在悄悄地取代阅读功能。一次在大会堂碰见了出版界老前辈叶至善老人，他深有感慨地说："书是越出越多，越出越大。一些儿童读物也动辄几大卷，一厚本，孩子们怎么翻得动？"现在我国年出书已达10多万种，比1978年增长了8倍。出书多本是好事，但徒求其形，不究其质，多而不精，就堪忧堪虑了。

一本书之所以成名传世，不是因为其字多本大，而是因其内容之精，代表了当时某一领域的知识顶峰，后人可赖以攀登。历史上有没有大书？有，但它首先不是大而是精。《史记》是一本大书，从传说中的黄帝一直写到汉代，凡130卷，52万字，作者整整写了16年。它在记事、析理及文学艺术上都达到了一个精字，成了后人治史为文的楷模。《资本论》是一本大书，但这主要不是因为它浩浩万言，而是因为它揭示了在这之前别人还没有发现的剩余价值原理，从而揭示了资本主义必然灭亡的规律。无论是司马迁、司马光还是马克思，他们所完成的书虽然很大，但相对于从前浩瀚的书卷，则是精而又精了。

再大的书也只能把精髓集中于一点，就像关公的大刀再重，刀刃也是薄薄一线；张飞的蛇矛再长，矛锋也是尖尖的一点。精髓不存，大书无魂；精髓所在，片言万代。一篇《岳阳楼记》代代传唱，皆因其"先忧后乐"的思想；一篇《出师表》千年不衰，全在"鞠躬尽瘁"的精神。文无长短，书无大小，有魂则灵，意新则存。所以，许多薄篇短章仍被做为宏文巨著载人史册，甚至有的还被史家以此来划分年代。1543年被认为是欧洲文艺复兴的开始，就是因为这一年出版了两本科学专著：维萨留斯的《人体结构》和哥白尼的《天体运行》。1905年被认为是现代物理学的开端，因为这一年爱因斯坦发表了震惊世界的相对论，即当年《物理学纪事》杂志上的三篇薄薄的论文。30年后一支反法西斯志愿军缺乏经费，只求爱因斯坦将这杂志找出来将文章重抄了一遍，就拍卖了400万美元，武装了一支军队，真是字字千金。这些书从字数来说比起我们现在动辄千万言的"大系"、"全书"来，算是豆芥之微，其作用之大又如日月经天。写书本来就是有话则长无话则短，现在却有点"学者不知书滋味，为成巨著强凑字"。

因常写东西，我有时也闭目自测，到底对自己的写作产生过重大影响的是哪些书。细捋下来竟大都是一些短篇。中学时背过一些《史记》列传、唐宋文章，在以后的散文和新闻写作中，时时觉得如气相接，如影相随。打倒"四人帮"后，又得以重新细读朱自清、徐志摩，自觉又如被人往上推了一把。大约一般人的读书心理总是寻找林中秀木、沙滩珍珠和羊群里的骆驼。总是想用最短的时间，获得最有用的知识。所以小而精的书利用率最高。

赫尔岑说，"书，这是这一代对另一代人的遗训，这是行将就木的老人对刚刚开始生活的年轻人的忠告"。既然是遗训、忠告，当然要尽量提炼出最重要的东西，然后再将其压缩在最精练的文字中，哪能像我们现在这样动辄百万言、千万言地拉杂。古人讲"立言"，言能立于世必得有个性，不重复，有创造。所以杜甫说"语不惊人死不休"。我想顺着他的意思可以这样说："语不惊人死不休，篇无新意不出手。著书必求传后世，立事当作空前谋"。

书籍是什么？是知识的种籽。50年代曾发生过这样一件轰动一时的事，考古工作者在东北某地挖掘出一粒在地下埋藏了千年的古莲籽，经过精心培育，居然发芽长叶开出了一朵新莲花。如果当时埋在土里的不是一粒种籽而是一团枝叶呢？我们现在挖出的就只能是一团污泥。1865年奥地利科学家孟德尔发现了生物遗传规律，他在一次科学会议上宣布后，竟无一人理解。第二年，他将此写成论文发表，并分藏到欧洲的120个图书馆，直到34年后才又被人重新发现和证实。若没有这些书籍作种籽，埋种在先，科学不知要被推后多少年。今天，如果我们凑够字数就出书，那就像总是在田野里播种莠谷，看似一片茂盛，到秋天却颗粒不收。这样既浪费了今天的资源又断绝了子孙的口粮，何乐而为？

曾经有这样一种虚假的文体

——论“杨朔模式”对散文创作的消极影响

关于杨朔模式的含义及形式

新中国成立到改革开放这一时期，在散文领域涌现出一大批作家，他们每人都出版了数量可观的作品。但是要说影响，恐怕哪一个也比不上杨朔。一个作家的影响，不只是看他作品的多少，更主要看他的代表作；不只看他的作品本身，还要看这些作品被推崇、流传、渗透与潜移默化的情况。在散文界，杨朔就是这样一位作家，其作品被介绍和接受的程度之深，对广大作者创作的影响面之大，恐怕都是首屈一指的。

杨朔模式的含义大致包括这两个方面：一是内容模式，涉及题材；二是形式模式，涉及体裁和创作方法。杨朔散文绝大多数是政治抒情，在他的代表作里，无论写景、叙事都服务于一个明确的目的——突出政治。在他的笔下看不到或者很难看到与政治无关的人物，甚至景物。这是他的散文的内容模式。与内容相适应，其形式模式就是“物—人—理”的三段式结构。先推出景物和人，最后再归到一个政治道理上去。人、物、事都成了政治道理的道具或注脚。一句话，用“物—人—理”的三段式手法来表现政治内容，这就是杨朔散文的模式。

一个作家周围的环境和他的生活经历造就他自己的模式。比如曾经“热”了一段的台湾女作家琼瑶，台北一家杂志评论她的作品是“花呀草呀云呀天呀水呀风呀”的爱情模式，她的手法是这爱情必通过痛苦、眼泪、狂恋和才气来实现。杨朔散文则是“景呀物呀事呀理呀”，唯独缺一个“情”。大概每个作家都会有自己的模式，不过水平高一点的会从模式中跳出来，升跃到个性、风格。模式是某种特定时代背景和环境的产物。一个作家有自己的创作模式并不奇怪，但是全社会只有一个模式就很可悲了。细想一下，“文革”前十七年和“文革”十年，我们的文学就是在上面预制好的和自觉不自觉形成的许多模式中进行翻砂、浇铸。大的模式，如写斗争，必是阶级斗争，哪怕是一次失火、一次车祸，也要有一个阶级敌人出来顶罪；写胜利必是毛泽东思想的胜利，哪怕是治好了一个病人，赢了一场球，也要从学《毛泽东选集》上找根据。具体的模式，如写到爱情，都是两人工作中相识，战斗中相爱，双方都是第一次接触异性，纯而又纯的男女共青团员式的爱。写抗日斗争，都是我方如何顽强，国民党如何溃逃，等等。总之，各种题材都有一个模式。这一大堆模式是文艺为政治服务、为某一条政治路线服务的具体化。长期以来，我们的政治体制是一套“左”的集权模式，经济体制是统得很死的计划模式，连人也被训练成愚忠、服从，缺少个性与自我探索的机械模式。文学当然也就是一种“左”的说教模式。就是说，不管是写景还是编故事，都要明显地给你注入一点政治。但是，“文革”前的小说、诗歌等虽然也有这一套模式，却都没有像散文这样，形成一个完整、统一、浑然一体、权威性的样板——杨朔模式。

杨朔模式的产生有特定背景。杨朔散文是反映了生活，但是它只反映了生活中的一个侧面。就其有影响的代表作来说，它们只注意反映了生活中光明向上的、美好的一面。杨朔作品的风格是明朗、秀丽的。这些作品产生的时代正是20世纪50年代到60年代初，这时期我们国家蓬勃向上，党、政府和领袖的威信空前的高，人们对前途充满毫不怀疑的乐观，对我们的工作充满毫不怀疑的自信，对工作中“左”的错误还没有充分地觉察。大家眼里一片光明，看不到问题，或者虽看到一点，也不愿承认，在一种“左”的盲目与虚假中，虔诚地生活。领袖像神一样英明，国家像天堂一样美好，生活中一切好的事情都应归功于革命，归结到政治。这是那个时代人们的思维模式。我在另一篇文章中曾谈到这一点：“正如同汉王朝的初建需要汉赋一样，这时也需要歌颂之辞。自然，这种歌颂是有别于司马相如等对帝王功业的歌颂的。当时我们大家都是由衷地感到祖国、党需要歌颂，应该歌颂，读着这种文章心里特别高兴。对于当时潜伏的一些矛盾很少有人洞察到，这自然是历史的局限。所以说，产生于这个时期的散文，历史决定它既不可能再用解放区那种带点土气的文字，也不能再用鲁迅那种隐晦一点的讽刺杂文。它只能与我们大会堂的玻璃窗相适应而明亮，与天安门广场上的鲜花相适应而清新，与我们安静的生活相适应而含蓄。同时，这里已经有了悄悄开始了的‘左’的影响，因而又带一点粉饰。这是那个时代所造就的一种形式，而加给包括杨朔在内的广大作家的。”（《散文形式的哲学思考》）

但是，杨朔模式何以能保持长时间而不衰呢？这是它内容上的虚幻性、象征性和结构上的超稳定性决定的。

模式的特点之一：内容上的虚幻性与象征性

杨朔的作品总是选取生活中最光明向上的片断，推出最符合政治宣传口径的结论。香山的红叶、八达岭的长城、泰山的红日、荔园的蜂蜜、南疆的茶花等等，还有深山里公社化的投影，海市仙境般的生活，还有老向导、老泰山那样革命造就的红色标准公民。这些题材好不好呢？好。是不是生活呢？是。而且还是生活中积极的、光明可爱的一面。但是，正因为只选择这种光明与可爱，他的作品就如美好的山水一样，虽有赏心悦目的一面，但却较少实用的一面。它不像我们生活中的衣食住行那样，时刻不可离开，很易被挑剔和更新。对这种与生活不大贴近的作品，人们又需要，又不会特别注意，不会特别去下大力气挑剔、改造，加快更新。就本质来说，他的作品专写好的片断，好的表象，诱导人们寻求一个简单的政治答案，沉醉于美妙的理想。作品呈现出一种虚幻的折光，有一种象征性的美好。你得承认，他是反映了生活，但是这种反映，写太阳只写早晨的清新艳丽，不写中午的炎热烤人；写水只写秋波漾漾，不写恶浪狂涛，是经过精心选择的；写父母只写其慈爱养育之恩，却回避其对子女的专断、干预；写战争只写鲜花凯旋，不写流血死人：都是有明显的启发、诱导倾向的。这种精心选择、积极诱导的反映生活，就必然在作品中造成一种虚幻、象征的美。这虽是虚幻、象征的（本质是假），但如中国传统戏中的大团圆结局一样，适应了人们的一种心理趋向和审美要求，所以能长期存在。而且它还影响到后来的散文创作：题材越来越窄，专写美好的一面，写美景，抒豪情（少真情），而不写矛盾。就现在来说，既然生活中总会有美好的一面，他的这种并不十分“较真”的、浮光掠影式的制造意境，仍有用武之地。这种模式实在是一种投机模式，它越是不疼不痒，越不那么认真深入地反映生活、干预生活，越不那么直接揭露矛盾，评论家也就越没有必要集中注意力来对付它。这在小说、戏剧中却不同，它们反映生活实实在在，靠矛盾来抓人、来立戏，稍一落后于时代，读者、观众、评论家立刻就会不买账。

所以说这种反映生活的虚幻性、象征性，是杨朔模式长期被散文界套用而得不到突破的一个重要原因。这个突破必定要待到人们对政治、经济、社会生活等中各种极左观念都有了一个彻底的认识和清算后，在文学改革的浪潮已经席卷了其他文学领地之后，才可能冲击到这块地盘。

模式的特点之二：结构上的超稳定性

杨朔模式能长期通行的另一个原因，是它在结构上的超稳定性。

为了更好地突出政治内容，杨朔散文找到一种三段式结构：物（景）—人（事）—理。大致是先布置一种景物，再在场景中展开人物、故事，最后归结为一个政治道理。如：海浪、礁石—老泰山—“老泰山恰似一点浪花……正在勤勤恳恳塑造着人民的江山”（《雪浪花》）；香山红叶—老向导—“人生中经过风吹雨打”（《香山红叶》）；泰山风光—沿途的公社化情景—“看见另一场更加辉煌的日出”（《泰山极顶》）；蜜蜂、荔枝—跟老梁参观蜂场—“这黑夜，我做了个奇怪的梦，梦见自己变成一只小蜜蜂”（《荔枝蜜》）；山海关秋景—三个人的对话—“用我们的思想信仰修另一种长城”（《秋风萧瑟》）；二月茶花红—作者和种花匠普之仁的对话—“童子面茶花，岂不正可以象征着祖国的面貌”（《茶花赋》），等等。我们不用十分细心，就能解剖出杨朔散文的这个很清晰、工整的模式。

这个三段式模式有两方面的实用价值和审美价值。一是它不直不露，有一种曲折的美。这个模式将景物、人事、政治道理紧密地组结在一起。它既符合了要突出政治的要求，又符合了散文的特点，含蓄、短小、精巧，有意境，也符合读者的审美心理。所以，虽然杨朔散文总在突出政治，但它毕竟不是那种标语口号式的、武断的文学。那政治结论是经过景和人推出来的，既符合那个时代人们的政治思维规律，又符合文学的形象思维规律。

二是这种模式有一种稳固、严密的美。三段式像三足鼎一样，使文章结构产生了一种既简单又平稳的感觉。只就结构本身而言，可谓简而美了。中国散文史上形式化的高峰是八股文，讲破题，讲束股，讲起承转合，有头有尾，有过程。这种形式本身不能说它没有道理。具备一点知识修养和文字能力的人，只要记住这个格式，写出的文章一般总会及格，有才者还可写得极美。杨朔模式的三段式，可以看作是八股式的简化：起—转—合、因景立意—卒章显志。本来散文的美有多种因素，比如遣词造句、气质风格，还有结构。而结构相对于其他因素是较易理解和效法的。正如书法中楷书的间架结构可以具体讲解，而笔力却是要经过长时间的磨炼揣摸才可意会到的。所以杨朔散文很快就以其结构上的优势而具有了竞争力，这种结构简明清晰，如分析讲解更大受课堂教学的欢迎，故多年来杨文在教材中连选不衰。另外，散文的美应有三个层次——客观描写的美、意境的美、哲理的美，而杨朔模式的三段式结构正好从形式上与这三个层次合拍。好像真是从客观景物中一步、两步、三步推出了一个哲理（实际上是贴上了一种政治标签）。这样从内容表达上、形式结构上、人们的审美习惯上，都可以得到一种假象的合理和低层次美的满足。这又是杨朔模式能长期被人欣赏、效法的一个重要原因。

杨朔模式的本质是一个“假”，流弊是一个“窄”

这个模式，既然从内容上反映了光明的一面，从形式上不直不露有曲折美，结构合理有稳定的美，那么我们何以要来讨论和突破呢?

问题的实质在于这是一个假模式，是一个水中的月亮，它并不能全面地、真实地反映生活。作者为了表达自己的政治思想和所谓的哲理，在自觉不自觉地编假话，设计假故事。假话这个东西很奇怪，回头一看十分可笑，可是当时整个一代人、一个党、一个国家都能一起陷入假话之梦而不能觉醒。我党历史上就有几次。比如1958年“大炼钢铁”，粮食“亩产万斤”，人人都说，还登在报上、写在书上。历史地看，杨朔以散文形式说假话也就不足怪了。比如在《秋风萧瑟》中，他游长城，碰见一个不认识的游人，就要求人家讲个故事，两人讨论起长城哭呀笑呀的事，还自言自语地背古诗，背毛主席的诗，其天真可笑像两个孩子“过家家”玩；一会儿又大谈起应该修一条思想信仰的长城。在《雪浪花》中，本是写几个姑娘在海边嬉戏，很有生活情趣，突然船上走下个老泰山就是一句政治格言：别看浪花小，就是铁打的江山也能咬烂。在这些作品里，无论是主人翁还是作者，好像都不食人间烟火，吃、喝、住、行、玩等都要扯到政治，人物好像得了“政治官能症”。这些对话像马路上走台步一样可笑。但是却写在书上，选入教材，被奉为样板。这种模式诱导初学写作者去犯一个大错误，就是掩藏起自己的真思想、真感受，去和政策、和报刊对口径。散文创作第一要说真话、抒真情，不可生编，不可硬造。古人有很多笔记，当初并不准备发表，如《浮生六记》，虽是记起居游乐之事，但因其有真情趣，现在发表却是一本好散文了。巴金先生有感于过去说假话，写了一本叫《真话集》的回忆录，也是好散文。所以我们今天研究杨朔模式，首先要认清这是一个叫人忘记自我，而为空头政治服务的假模式。

这种模式的流弊和危害，就是从内容上、形式上限制了作者的创造，使创作之路越走越窄。我们承认，它是有一种结构上的美，一种曲折的美，也正因此它比标语口号式的文学寿命要长得多。但是又正因为他总是这一种类、一个模式的美，美来美去，总是西施一个，一个西施，千人一面，千篇一律，也就变成直、露、板了。有个模式并不可怕，怕就怕模式化，怕所有的人都来学这个模式

(事实上这种手法也不是杨朔的发明，王安石的《游褒禅山记》也是由景推理)。杨朔模式作为初学者的一种基本训练是可以的，如武术中的基本套路，但是如果总是这一个基本套路，而不能变化创新，就始终称不上艺术。画家吴冠中说得好：美术，美术，术易，美难！如果把美归结为一个简单的技巧，一个模式，不断地去仿制、套印，这美也就没有了。而散文改革之所以落后于其他文体，其悲剧的根源正在于它有了一个十分完整、稳固的模式。

总之，不管怎样，杨朔散文创造了一种模式，它是我国现代散文史上的一块里程碑，它曾起过积极的作用。但是今天，这个模式却是散文发展的障碍了。现在散文的改革必须从打破这个模式入手。

(《批评家》1987 年第 2 期)

学问之理

语言文字是民族生命的一部分

十五年前因拙作《晋祠》入选中学课本，讨论教学，我与《语文学习》有一段缘。缘结心里时时不忘，但因工作繁忙，行无定所，以后就再没有什么联系。近日杂志社的同志忽上门，说《语文学习》已满二百期，希望说几句话。真是岁月无痕暗自流，花开花落几多秋。十五年来最大的变化是改革开放和商品经济的大潮对语言文字的冲击和推动。检点思绪，和当年比，我现在最想说的不是语文的艺术，而是语文的责任。

前不久看到一个材料，在亚洲某国刚开完一个出版问题研讨会。这个国家曾长期受殖民统治，外来语几乎取代了本国的母语，西方的书刊在国内可以很方便地流行。这样国外一些积压滞销的、黄色的甚至有害国家发展的等坏书刊就可以毫不费力地倾销进来，直接作用于读者，起到瓦解腐蚀、潜移默化的作用。所以在那个会上有学者提出：发展中国家必须以本土语言为市场屏障，这样才能弘扬传统文化，抵御文化入侵，否则将面临民族文化的毁灭。我当时心中不由一惊，语言文字问题竟这样重要，甚至关系到民族的生命。我们平常说有语言障碍不方便，但是当我们需要进行文化自卫时，这障碍就有了积极的意义。一次，我在亚运村门口碰到一个把门的“坏小子”，他对一位进门的外国人用客气的表情讲了一句骂人的话。这是恶作剧，要是中国人非跳起来不可。但这个外国人也客气地点了一下头，便进去了。“坏小子”以为占了便宜，其实他白费了唾沫。这个外国人头脑里有一道语言屏障。他不使用你的语言系统，你的语言武器就起不了作用。当然这是一件坏事，希望再不要发生。但它再次证明，语言可以筑起一道屏障，从而有效地进行自身保护。

一个国家和民族能够在世界上自立，是因为它由自身许多个体的东西组合、凝聚成一个牢固的整体。如民族文化、民族习俗、民族经济，还有一个更重要的就是民族语言。这些都已成了民族生命的一部分。语言文字在这个组合中，对外是屏障，对内是血液，是黏合剂，就像一座大楼黏结各个板块之间的水泥。一次在国外旅行，同一个卧铺厢里，碰到一位黑发黑眼珠的青年，我很兴奋，但一张口，他神情木然，一句汉语也听不懂，原来从小就移居国外。这个黏合剂已经不起作用了，我心里好生遗憾。中华民族这样强大统一，我们得感谢在秦朝时就统一了文字。解放后全国又大力推广普通话，尽量做到语言统一。

语文既然是民族生命的一部分，我们就应该像保护眼睛一样保护它。语言文字是工具，但这工具在为民族政治、经济、文化服务的过程中已渗进了民族的个性，成了民族的财富、民族的标志，从而有了积极主动的作用。我们决不能自毁长城，懈怠它，作践它，而是要纯洁它，发展它。可惜这一层意思并没有引起足够的注意。现在语言不规范的现象几乎到处可见：第一是洋文大量涌入，中西混杂；第二是随意编造，篡改词语；第三是繁简混用，有法不依；第四是文字粗糙，常有错字病句。这些与对外开放、电视普及、广告发展等有关，也正是新形势给我们提出的新问题。语言首先是一种工具；其次是一种艺术；最后，在发挥工具和艺术功能的过程中，它又远远超出本能而有了全局的、政治的价值。语言质量的下降，一是将影响人际关系和工作交流的质量；二是将影响文化的积累提高，如果听之任之，多少年后我们的子孙将无好书可读，无好文可诵；三是语言质量的下降，就像用低标号的水泥盖楼，将会影响民族的凝聚力，影响本民族的独立个性和在世界民族之林的竞争能力，就像前面提到的那个亚洲国家的教训。这不是耸人听闻。这么想来，我们语言文字工作者，实在是任重而道远。

时代的变革必然带来语言文字的变革。中华文明五千年，其间经历了大小无数次的社会变革和文字变革才有了我们今天这样丰富而优美的语言文字。远的不说，在“五四”那场伟大的新旧变革中，语言文字也曾出现过一定的混乱，但可喜的是，在那场运动中，一批思想解放的勇士同时也就是语言文字的大师，如鲁迅、叶圣陶、陈望道，他们关注社会的进步，同样也关注语言的进步，致力于语言文字的改革，从而使我们的语文既保有了优秀的传统，又吸收了许多新的东西，建立了新的规范，有了一次大发展。

正是千百年来这种不懈的努力，才使我们的语言文字成了世界上最优秀的语言文字之一。以至于在计算机大量普及的现在，连外国人都奇怪汉字竟能这样惊人地适应这种现代书写工具。在当前这场空前的改革开放的高潮中，我们首先应该发扬民族语言文字的好传统，然后在此基础上吸收外来词语，创造新词语，并且严格遵守语言规律。语言是民族的生命，是民族的血液。当前语言文字是出现了一些混乱，但我们应满怀希望，抓住机遇。我们在经济、文化、社会等方面不是也都有一些转轨时期的混乱，但又同样有惊人的进步吗？相信只要唤起社会的广泛支持，经过语言文字工作者的不懈努力，我们的语言文字会更规范、更准确、更生动、更美丽。而语言文字质量的提高，将会进一步促进这场改革的胜利，提高我们民族的素质。

（《语文学习》1996 年第 2 期）

怎样区分低俗、通俗和高雅

一次谈文化，有人问什么是低俗、通俗和高雅？我一时语塞。如果凭感觉来回答，当然谁都知道，再往深说，有什么理论根据呢？我就赶快回来查书和旧日的读书笔记，于是有了一点新的梳理。

谈这个问题先得承认一个基本的事实，人是由动物变来的。

恩格斯在《自然辩证法》中说：在最初的动物中发展出脊椎动物，而在这些脊椎动物中，最后又发展出这样一种脊椎动物，在它身上自然界获得了自我意识，这就是人。于是人就有了两面性：动物性与人性，物质性与精神性。一般来说，“俗”是指人动物性、物质性的一面；“雅”是指人性、精神性的一面。黑格尔在《美学》一书中将人与外部世界的关系分为三种。一是欲望关系，占有的欲望，如见美食就想吃，见好衣就要穿，一个猎人见了老虎就必定要捕杀它。欲望关系以占有、牺牲对象为前提。二是研究关系，只想弄清对象的真相、规律，并不占有或牺牲它，这是科学的任务。如动物学家跟踪老虎，只是为了研究，绝不干涉老虎的行为。三是审美关系，只是欣赏，并不占有，也不想对它做更深研究。黑格尔称这为心灵的美感。它的特点是不把对象看作实用的个体，心中不起欲望，与其保持一定的距离，只生起一种愉悦的美感。如观众看演出，旅游者看山水。我们从欣赏角度看老虎，也只欣赏它的花纹、雄姿，而绝不会有捕杀的欲望或研究的耐心。

就是说人面对一物会有三念：占有的欲望、冷静的思考和愉悦的欣赏，就看你选择哪一种。这三种念头第一种源于人的动物性、物质性，可称为“俗”；第三种体现人的精神存在，可称为“雅”；俗与雅之间还有一个过渡地带，这就是“通俗”。

人自身的两面性与对外的三种关系，就使人在行为方面产生了六项精神需求，也可称为阅读需求。它从低到高分别是：刺激、休闲、信息、知识、思想和审美的需求。大致说来，前两项刺激、休闲是满足物质需求的，可归于“俗”；后两项思想和审美是满足精神需求的，可归于“雅”；中间两项比较模糊，兼而有之。但最低、最高的两项，即刺激与审美的需求却是很典型的。刺激就是勾起人的欲望，满足人的动物性，是最低的一档。这是一切黄色、凶杀、打斗、赌毒类低俗作品的心理基础和市场基础。过去我在新闻出版署工作，人们常问：“扫黄”、“扫黄”，为什么总是扫不完呢？它不可能扫完。只要人动物性的一面还存在，人与外界的欲望关系还在，他就要寻求刺激、发泄与满足。我们只能把它控制在最低限度：不公开传播，不以赢利为目的，不危害青少年。相反，这六种需求的最高一档，即审美需求则是来满足精神的心灵的需要，常表现为纯艺术。其代表如已被历史淘洗过的唐诗、宋词、古典音乐、名画及一切经典作品，它没有任何物欲的刺激，全在净化心灵，这无疑是最高雅的。但是人们食人间烟火，正常的欲望还是要的，还得有作品去满足他的休闲需求、信息需求、知识需求等等，这里有物质的也有精神的，这就是“通俗”。通俗的标准是不刺激人的欲望心理但又不脱离人的物质的现实。所以纯艺术、纯思辨性的作品不在通俗之列，它归于高雅；另外，纯刺激性的作品也不在通俗之列，它归于低俗，或名粗俗、庸俗。

上面我们从接受角度，即人接受作品时的“两面性、三种关系、六项需求”谈了低俗、通俗和高雅的存在基础，这样我们就知道社会上为什么会有三类截然不同的作品，古今中外，概莫能外。低俗的作品是从人的物质欲望出发，刺激并满足人的贪占、享用要求；高雅的作品是从愉悦人的精神出发，满足人的审美要求。低俗作品让人回归动物的、物质的一面；高雅作品让人升华精神的、道德的一面。

通俗则是低俗与高雅间的过渡地带。但我们一般说的通俗是有方向性的，它是指从高到低的过渡。就是说作品内在的思想、艺术（审美）水准已经很高，但是照顾到接受者的接受能力，兼顾到他的需求（通常叫大众需求），而采用了他能接受的方式。注意，这里的要害是“高起低落”，是从高雅的标准出发落实到一个通俗的效果，从而避免了低俗。如果反过来从低俗的标准出发，就会滑落得更低，而永远不可能达到通俗的效果。就像委派一个大学文化程度的教师去教小学，可以把小学生培养成人才；而委派一个小学文化程度的教师去教中学，则只能把人才教成废才。真正的好作品都是“高起低落”，深入浅出，专家学者看了不觉为浅，工人、农民读来不觉为深，这就是通俗。这方面著名的例子，文艺作品如中国的四部古典名著，现代作家老舍、赵树理的作品，哲学著作如艾思奇的《大众哲学》。

（《人民日报》2010 年 8 月 19 日）

什么是美

审美文化，是艺术文化。回答美是怎么一回事，什么叫美，怎样才美，美有什么用，有这样几个要点。

美是人的本性

这个本性甚至可以追溯到动物性。你看孔雀的羽毛、老虎的花纹，无不求美。公鸡好看，是因为母鸡爱美，对它长期追求、筛选的结果。爱美不要什么理由，也不受时代、阶级、环境的限制。原始人就知道用兽骨制成项链，还在岩壁上画画，后来又在陶器上画各种花纹、图案。只不过是随着文化的进步，人的精神世界的丰富，美的内容、层次也在增加变化。美是与人类的成长同步的，一部美学史也即是一部社会发展史。人的爱美之心是人发展完善的一种动力。我们要承认这种本能，“文化大革命”把人的这种本能都批判了，美就是资产阶级，就是反动。“左”到否定人的本性。而人的本性是不能剥夺的，正如饿了就要吃东西的食欲，不懂就要学习的求知欲，看到美的人、美的物、美的作品就喜欢的审美欲。既然人人都爱美，都有这个本性，反过来就人人讨厌丑，不管是外表形式的丑，还是内在的精神方面的丑。当然谁也不愿被人讨厌。于是为了自己的美和欣赏外部的美，生出一门美学，研究怎样才算美、才能美。

美的用途

农村里的一些老人常说年轻人：“描眉画红（口红）有什么用?”从发展生产、多打粮食来讲，确实没有用。“文革”前，把绿化、美化环境都看作是资产阶级思想作怪。美这个东西，既不实用，也不深刻，只作用于人的情感，让你愉悦、兴奋、激动、忧伤，改善情绪，作用于精神世界，提高道德修养，就像人身上的经络系统，没有血管、骨骼那样具体，看不见、摸不着，却在起很重要的沟通、维系作用。

美学老祖宗黑格尔把人与外界的关系分为三种。一是欲望关系。消灭它或利用它，以满足自己生命的需要，是针对一个具体的完整的事物。如你又渴又饿，看见一个苹果就想吃掉它。这时要的不是欣赏。他幽默地说，你要是想使用一块木材或吃一种动物，画一个就不能满足。中国成语有画饼充饥，就是说欣赏代替不了实用。二是思考关系。并不要消灭它，而是研究它，找出事物规律、概念。如，我们研究数学、物理的公式定理，只是要弄懂它，并不想吃掉它，也不是欣赏它。当我们解剖一只老虎时，注意力在研究它的结构功能，而不是如在野外欣赏它漂亮的花纹和奔跑的姿势。三是审美关系。既不吃，也不深入研究，只是满足求美的心理，欣赏它。黑格尔称为“满足心灵的旨趣”。所以，美针对的既不是具体事物的全部，也不是它内含的抽象的道理（概念、本质、规律），而是外表的具体的形式（形状、颜色等），通过形式让人愉悦（不是具体的实用，也不是抽象的思考）。男女找对象，都愿找漂亮的，先要从形式上就让人看着舒服。有一个真实的故事。一美女与甲乙两男生为大学同学。女先与甲好，到毕业前又被乙挖去，后结婚。

40 年后老同学聚会，都成白发老人。回顾昔日说了真话。甲对乙说："你知道吗？当时你娶走了她，我真想杀了你。"乙说："你不知道，这些年我差一点自杀。跟她生活这几十年不知多么痛苦。"恋爱时是审美，结婚后讲实用。用途不同。音乐、美术、诗歌都是形式艺术，不管实用，只管审美，专门调节人的观感、情绪，进而修炼人的道德。这就是美的用途。我们无论是看画、听音乐、游山水，都能产生或宁静、安闲，或激动、振奋的心情，这就是审美、享受美。它不像具体的食物让你长身体，也不像普遍的理性让你长思想，而是让你知道怎样把自己修炼得更美，好让别人喜欢，同时你也得到尊重和方便，学会怎样去欣赏和享受外部世界的美，尊重别人。

怎样才美？

第一，美在真实。

审美既是解决人情感上的问题，而情感是最不能被欺骗的，所以美的前提是真实。有一个真实的故事。一美女爱一靓男，后结婚。男说，我从小就没有沾过厨房的边，不会家务。女说我侍候你。一直十年。一次女出差，提前到家，发现他在厨房做菜，非常熟练。原来为不干家务竟伪装了十年。女大怒，立即离婚。生活中先真才会美。人喜欢真山、真水、真花，讨厌假景。有人说话时对你拿腔拿调，嗲声嗲气，你就浑身起鸡皮疙瘩。杨朔散文，后来人不愿看，就是因其总要装一个光明的尾巴。一个政治家，民众对他的判断首先不是能力大小，而是行为的真假。许多作秀、表演已让人恶心，怎么可能再去服从和追随他。

第二，美在结构。

这要说到外美和内美。外美，指形式的美。当事物的外形构成一种和谐比例时，看着就舒服，这就是美感。人的美，首先是五官、身体四肢的结构合理、和谐。书法的美，先讲笔划的间架结构，图画讲构图、色彩搭配；音乐是音符音色的结构配合。山水美是青山绿水，红花绿叶，石硬水柔，天高地阔，风动枝摇，花香蝶舞等等自然元素的搭配。但这结构不是平均分配，常会有主次，有个性。如我们说那个姑娘有一双漂亮的大眼睛，这正是她的个性，她的亮点。书法中的行书、草书就打破了楷书的平稳，追求结构变化、个性化，常一笔出人不意。于是美就变化无穷。

内美，指人的修养，精神之美。也是讲结构，文化结构，人的知识、思想、道德修养等精神方面的结构。从中可分出高尚与卑下、丰富与贫乏、高雅与粗俗等等。知识丰富的人有一种从容与幽默的雍容之美，思想敏锐而有个性的人有一种勇敢与坚强的阳刚之美。但如果有一方缺失，也会结构失衡而立马变丑。历史上曾有诺贝尔奖得主跟上希特勒办坏事，好莱坞影星偷东西，像周作人那样的大文人当汉奸，都是内丑而不是外丑。

漂亮不一定美。漂亮经常是指表层的感觉，而不涉及深层结构。比如一个女人穿一件粗麻布衣服，当然不如绸缎衣漂亮，但是如果衣、裙、鞋、帽搭配恰到好处，仍然美。布衣荆钗，仍不失其美。如果她的知识、才艺、思想等内在结构更丰富合理，就有了风度美、精神美。经常有一些很漂亮的女人，如电影明星，却过单身生活，别人奇怪，怎么这样的人还没人要呢？如果男女找对象只是双方外表的结构搭配就最好办了。但人这种东西很复杂，他还有内在结构。不是美女不漂亮，是她的内在精神——知识、精神、脾气等，和对方形不成合理的结构，互相觉得不美。

第三，美在距离。

美既不解决实用（不会上去吃一口），也不解决研究（不去解剖实验）的问题，只是欣赏，于是就要有一定的距离。我们在画廊看大画总是要退后几步看。《爱莲说》里讲“可远观而不可亵玩焉”。上面举到的一女两男的故事说明，未结婚前看恋人，怎么看怎么美，因为有距离。俩人结合后没有距离了，才发现问题不少。正因为有距离，审美才脱离了实用方便的庸俗的作用，而有了道德上的、艺术的意义。道德是一种行为规范，一种自我约束。我们看见一朵漂亮的花，知道只能看，不可摘。虽然也有占为己有的欲望，但又有道德良心来克服这种欲望，于是就会保持一定的距离。这样才美。人和人的交往彼此保持一定的距离，会给对方留下美好的印象。有时亲密接触，知道了对方许多缺点，就不觉美了。因为这时距离太近，如黑格尔所说你已不只是欣赏关系而有了实用关系和研究关系。看山水也是这样，“横看成岭侧成峰”，有许多朦胧变幻的美，你一旦走进山肚子里可能又不觉美了。朦胧是一种美，而距离正是实现它的一个重要前提。

美只管形式，不管内容。但它可以和内容结合成更复杂的形式组合，达到更高层次的美，内外一致的美。在物品，如既实用又美观的设计；在人，则是外美加上内在的思想和能力，如居里夫人；在科学和思想研究，则是深刻的哲理加上简洁优美的形式，如爱因斯坦的相对论公式，如范仲淹表述忧国思想的“先天下之忧而忧，后天下之乐而乐”的名句，当然还有更多的好诗、好画、好歌。

（《党建》2009 年第 2、3 期）

匠人与大师

在社会上常听到叫某人为“大师”，有时是尊敬，有时是吹捧。又常不满于某件作品，说有“匠气”。匠人与大师到底有何区别？

匠人在重复，大师在创造。一个匠人比如木匠，他总在重复做着一种式样的家具，高下之分只在他的熟练程度和技术精度。比如一般木匠每天做一把椅子，好木匠一天做三把、五把，再加上刨面更光，合缝更严等等。但就算一天做到100把也还是一个木匠。大师则绝不重复，他设计了一种家具，下一个肯定又是一种新样子。判断他的高下是有没有突破和创新。匠人总在想怎么把手里的玩意儿做得更多、更快、更绝；大师则早就不稀罕这玩意，而在不断构思新东西。

匠人在实践层面，大师在理论层面。匠人从事具体操作水平的上限是经验丰富，但还没从经验上升到理论。虽然这些经验体现和验证了规律，但还不是规律本身。大师则站在理论的层面上，靠规律运作。面对一片瓜地，匠人忙着一个一个去摘瓜，大师只提起一根瓜藤；面对一大堆数学题，匠人满头大汗，一道接一道地去算，大师只需轻轻给出一个公式。匠人常自持一技，自炫于一艺，偶有一得，守之为本；大师视鲜花掌声为过眼烟云，进取不竭，心犹难宁。居里夫人把诺贝尔奖章送给小女儿当玩具，但是接着她又得了一个诺贝尔奖。

匠人较单一，大师善综合。我们常说一技之长，一招鲜，吃遍天，这是指匠人。大师则不靠这，他纵横捭阖，运筹帷幄，触类旁通，举一反三。因为凡创新、创造，都是在引进、吸收、对比、杂交、重构等大综合之后才出现的。当匠人靠一技之长，享一得之利，拿人一把，压人一等；大师则把这一技收来只作恒河一沙，再佐以其他沙、砖、瓦、土、石、泥，起一座高楼。牛顿、爱因斯坦成为物理大师并不只因物理，还有更重要的数学、哲学等。一个画家，当他成为绘画大师时，他艺术生命中起关键作用的早已不是绘画，而是音乐、文学、科学、政治、哲学等。而一个社会科学方面的大师要求更高，马克思、恩格斯是一部他们那个时代的百科全书，毛泽东则是当时中国政治、军事、文学的宝典。

这就是大师与匠人的区别。研究这个区别毫无贬损匠人之意，大师是辉煌的里程碑，匠人是可贵的铺路石。世界是五光十色的，需要大师也需要匠人，正如需要将军也需要士兵。但是我们必须承认这个世界需要人们有一个较高的追求目标。拿破仑说不想当将军的士兵不是好士兵。将军总是在优秀的士兵中成长起来的。当他不满足于打枪、投弹的重复而由单一到综合，由经验到理性，有了战役、战略的水平时他就成了将军。鲁班最初也是一名普通木匠，当他在技术层面已经纯熟，不满足于斧锯的重复，而进军建筑设计、构造原理时，就成了建筑大师。虽然从匠人而成为大师的总是少数，但这种进取精神是人类进步、社会发展的动力。古语说：法乎其上，得乎其中；法乎其中，得乎其下。要是人人都法乎其下呢？这个社会就不堪设想。

我们可能在实际业绩上达不到大师水平，但至少在思想方法上要循大师的思路，比如力求创新，不要重复，不要窃喜于小巧小技，沾沾自喜。对事物要有识别、有目标、有追求。力虽不逮，心向往之。在个人有了这样一种心理，就会有所上进；在民族有了这样一个素质，就会生机勃勃；在社会有了这样一个氛围，就是一个创新的社会。

（《人民日报》2006 年 5 月 19 日）

说经典

什么是经典？常念为经，常数为典。经典就是经得起重复。常被人想起，不会忘记。常言道："话说三遍淡如水。"一般的话多说几遍人就要烦。但经典的语言人们一遍遍地说，一代代地说；经典的书，人们一遍遍地读，一代代地读。不但文字的经典这样，就是音乐、绘画等一切艺术品都是这样。一首好歌，人们会不厌其烦地唱；一首好曲子会不厌其烦地听；一幅好字画挂在墙上，天天看不够。甚至像唐太宗那样，喜欢王羲之的字，一生看不够，临死又陪葬到棺材里。许多人都在梦想自己的作品、事业成为经典，政治的、文学的、艺术的、工程的等等，好让自己被历史记住，实现永恒。但这永恒之梦，总是让可怕的重复之斧轻轻一劈就碎。修炼不够，太轻太薄，不耐用甚至经不起念叨第二遍。倒是许多不经意之说、之作，无心插柳柳成荫，一不经意间成了经典。说到"柳"，想起至今生长在河西走廊上的"左公柳"。100 多年前，左宗棠带着湘军去征讨沙俄，收复新疆。他一路边行军边栽柳，现在这些合抱之木成了历史的见证，成了活的经典，凡游人没有不去凭吊的。"统一战线、武装斗争、党的建设"，这是中国革命的三大法宝，是中国共产党打天下的经典。但它的产生是毛泽东不经意间脱口说出的。1939年陕北公学（即后来的华北联大）的一批学生毕业要上前线，毛泽东去讲话说，《封神演义》中“姜子牙下昆仑山，元始天尊赠了他杏黄旗、四不像、打神鞭三样法宝。现在你们出发上前线，我也赠给你们三样法宝，这就是：统一战线、武装斗争、党的建设”。经典就这样产生了。莎士比亚有许多话，简直就是大白话，比如：“生存，还是毁灭，这是一个问题。”还有托尔斯泰《安娜·卡列尼娜》的开头：“幸福的家庭都是相似的，不幸的家庭各有各的不幸。”这些话被人千百次地模仿。就是《兰亭序》也是在一次普通的文人聚会上，王羲之一挥而就。当然，经典也有呕心沥血、积久而成的。像米开朗琪罗的壁画《末日的宣判》，一画就是八年。不管是妙手偶成还是苦修所得，总之，它达到了那个水平，后人承认它，就常想起它，提起它，借用它。它如铜镜愈磨愈亮，要是一只纸糊灯笼呢？用三五次就破了。

经典所以经得起重复，原因有三：一是达到了空前的高度；二是有绝后的效果；三是上升到了理性，有长远的指导意义。经典不怕后人重复，但重复前人却造不成经典。

文化的发展总是一层一层，积累而成。在这个积累过程中要有个性，能占一席之地必得有新的创造。比如教师一遍一遍讲数理化常识，如果他只教书而不从事科研，一生也不会创造出数学或物理科学方面的经典。因为只有像牛顿发现了万有引力，像伽利略发现了重力加速度，像爱因斯坦发现了相对论等才算是科学发展史上的经典；马克思创造了无产阶级专政理论，毛泽东创立了农村包围城市论，邓小平创立了中国特色社会主义理论等，这都是无产阶级革命和建设的经典。它是创新，不是先前理论的重复。唐诗、宋词、元曲，书法的欧、颜、柳、赵，王羲之的行书、宋徽宗的瘦金书都是中国文学艺术史上的经典。因为在这之前没有过，实现了“空前”，有里程碑的效果。只要写史，只要再往前走，就要回望一下这些高峰，它们是一个个永远的参照点。

经典又是绝后的，你可以重复它、超越它，但不能复制它。

后人时时地想起、品味、研究经典的目的是为了吸收借鉴它，以便去创造自己新的经典。就像爱因斯坦超越牛顿，爱翁和牛顿都不失为经典。齐白石谈到别人学他的画说："学我者生，像我者死。"因为每一个经典都有它那个时代、环境及创造者的个性烙印。哲学家讲，人不能在同一时间跨过两条河流。比如我们现在写古诗词，无论如何也不会有李白、李商隐、李清照的神韵，岂但唐宋，就是郭小川、贺敬之也无法克隆。时势异也，条件不再。你只能创造你自己的高峰。惟其这种"绝后"性，才使它彪炳青史，成为永远的经典。

我们对经典的重复不只是表面的阅读，更是一次新的挖掘。

经典所以总能让人重复、不忘，总要提起，是因为它对后人有启示和指导价值。"鸳鸯绣出从君看，'又将'金针度与人。"经典不只是一双绣鸳鸯，还是一根闪闪的金针。凡经典都超出了当时实践的范围而有了理性的意义，有观点、立场、方法、思想、哲理的内涵，唯理性才可以指导以后的实践。理性之树常绿。只有理性的东西才经得起一遍一遍地挖掘、印证，而它又总能在新的条件下释放出新的能量。如天然放射性铀矿一样，有释放不完的能量。范仲淹说："先天下之忧而忧，后天下之乐而乐。"司马迁说："人固有一死，或重于泰山，或轻于鸿毛。"邓小平说："不管白猫黑猫，抓住老鼠就是好猫。"这都是永远的经典，早超出了当时的具体所指而有了哲理的永恒。就是达·芬奇的《蒙娜丽莎的微笑》、朱自清《背影》中父亲饱经风霜的背影、小提琴曲《梁祝》中爱的旋律，还有毕加索油画中的哲理、张旭狂草中的张力也都远远超出自身的艺术价值而有了生命的启示。

总之，经典所以经得起重复是因为它丰富的内涵，人们每重复它一次都能从中开发出有用的东西。同样一篇文章、一幅画或一个理论，能经得起人反复咀嚼而味终不淡，这就是经典与平凡的区别。一块黄土，风一吹雨一打就碎，而一颗钻石，岁月的打磨只能使它愈见光亮。

（《京华时报》2005 年 5 月 10 日）

石头里有一只会飞的鹰

雕塑家用一块普通的石头雕了一只鹰，栩栩如生，振翅欲飞。观者无不惊叹。问其技，曰：石头里本来就有一只鹰，我只不过将多余的部分去掉，它就飞起来了。

这个回答很有哲理。

原子弹爆炸是因为原子核里本来就有原子能；植物发芽，是因为种子里本来就有生命。它不爆炸、不发芽，是因为它有一个多余的外壳，我们去掉它，它就实现了它自己的价值。达尔文本酷爱自然，但父亲一定要他学医，他不遵父命，就成了伟大的生物学家。居里夫人 25 岁时还是一名家庭教师，还差一点当了小财主家的儿媳妇。她勇敢地甩掉这些羁绊，远走巴黎，终于成为一代名人。鲁迅先是选学地质，后又学医，当把这两层都剥去时，一位文学大师就出现了。就是宋徽宗、李后主也不该披那身本来就不属于他们的龙袍，在公务中痛苦地挣扎，龙袍落地，一个画家、一个词人终于浮出水面。这是历史的悲剧，但也是成才的规律、做事的规律。物有其主，人有其用，顺之则成，逆之则败。

每当我看杂技演出时，总不由联想一个问题：人体内到底有多少种潜能？同样是人，你看，我们的腰腿硬得像个木棍，而演员却软得像块面团。因为她只要一个“软”字，把那些无用的附加统统去掉。她就是石头里飞出来的一只鹰。但谁又敢说台下的这么多的观众里，当初就没有一个身软如她的人？只是没有人发现，自己也没有敢去想。

法国作家福楼拜说：“你要描写一个动作，就要找到那个唯一的动词；你要描写一种形状，就要找到那个唯一的形容词。”那么，你要知道自己的价值，就要找到那个唯一的“我”，记住，一定是“唯一”，余皆不要。好画，是因为舍弃了多余的色彩；好歌，是因为舍弃了多余的音符；好文章，是因为舍弃了多余的废话。一个有魅力的人，是因为他超凡脱俗。超脱了什么？常人视之为宝的，他像灰尘一样地轻轻抹去。

新中国成立后，初授军衔，大家都说该给毛泽东授大元帅。毛说，穿上那身制服太难受，不要。居里夫人得了诺贝尔奖，她将金质奖章送给小女儿在地上玩。爱因斯坦是犹太人的骄傲，以色列开国，想请他当第一任总统，他赶快写信谢绝。他们都去掉了虚荣，舍弃了那些不该干的事，留下了事业，留下了人格。

可惜在现实生活中，我们总是算加法比算减法多，总要把一只鹰一层层地裹在石头里。欲孩子成才，就拼命地补课训练，结果心理逆反，成绩反差；想要快发展，就去搞“大跃进”，结果欲速不达；想建设，就去破坏环境，结果生态失衡，反遭报复。何时我们才能学会以减为加，以静制动呢？

诸葛亮说：“宁静致远”。当你学会自己不干扰自己时，你就成功了。老子说“无为而治”。马克思对共产主义社会的解释是“自由人联合体”，连国家机器也将消亡。当社会能省掉一切可以省掉的东西时，理想的社会就出现了。

（《人民日报》2007 年 11 月 15 日）

手中一管墨，胸中墨一桶

1983 年 8 月，《光明日报》在香山卧佛寺安排了一次记者会。卧佛寺外不远有梁启超的墓。一天晚饭后散步，一位老同志同我谈起梁启超来，说他的文章实在美，并随口背了几句："老年人如埃及沙漠之金字塔，少年人如西伯利亚之铁路；老年人如秋后之柳，少年人如春前之草。"我心里一怔，这的确是好文章。是议论却在借用生动的形象，正是韩愈文论中所说的"奇"。后来我查见原文，这一段关于老年人和少年人的分析，连用了 8 对比喻，16 个形象，令人叫绝。那位老同志还谈到梁启超这个老报人主办《时务报》等报刊，反封建顽固，介绍西方文化，犀利生动的文字着实厉害。他的文章为什么能打动人、说服人呢？就是因为他不只就事论事。他讲一个老年和少年的问题，却从 8 个方面来比，叫你听得服服帖帖，把你的疑虑打消得干干净净。他手中一管墨，胸中墨一桶，左右逢源，用之不尽。

为报纸写了不少稿子的冰心也是一个这样的人物。她从小苦读。老记者白夜在记她的一篇文章中说："在从中剪子巷到贝满女中上学的路上，她就读着《西厢记》、《三国演义》、《红楼梦》、《唐诗三百首》。她的父亲参加过甲午海战，当时任海军部次长，家里藏书很多。冰心左图右史，采英撷华。等到她立马文场之际，笔下已有雄兵十万，可供驱遣了。”记者，总得有可供驱遣的更多的文字兵马，才能挥洒自如地写作。就在白夜记冰心的文章中，也不难看出他驱遣文字的功夫。他写到丁玲和爱人陈明在“文革”中被隔离劳改，常常偷偷地靠近过来，互相望一下，“然而，每次都有董超薛霸之流，来打破这个场面。”作者不说什么，只用董超薛霸四字就叫你有无穷的想象。他借来一部《水浒》做援军。

记者的工作不外乎“采”、“写”两个方面。这两方面都离不开知识。

先说“采访”。这首先是一种与人的交往，而且还不纯是一种平等的交往。你是有求于人的，要问人家要东西，要人家给你谈，这首先要建立信任。采访一开始，对方也在研究你，看值得不值得对你谈。这是一次有趣的交谈呢，还是一次受审似的问答？如果你知识贫瘠，像一滩浅水，说出话来一石见底，对方便觉得对牛弹琴，索然无味。如果你学博如海，自然有吸引对方的魅力，他也愿将真话说给你听，就能谈得长，谈得深。还说那个梁启超，他很年轻时由老师康有为推荐去拜谒湖广总督张之洞。张当时住在长江边的江夏（武昌），一见这个文弱书生，便先小看他三分，出了一个上联请他来对：“四水江第一，四时夏第二，老夫居江夏，谁是第一，谁是第二？”江、河、淮、汉四水，长江第一；春夏秋冬，夏第二；张之洞朝廷大臣，居江夏。此联极巧，也极难对。但自古有儒、佛、道三教，天、地、人三才。不想梁启超这个小书生立即对道：“三教儒在前，三才人在后，小子本儒人，岂敢在前，岂敢在后！”张之洞大吃一惊。他从心里佩服这个年轻人。刚见面时那种上下悬殊的地位很快变成相互平等的身份，开始了友好的谈话。记者出门不会有什么专门介绍信来写明你的等级身份的。你的学识、谈吐就是你随身的介绍信。坐下来开口三分钟，你的身份自明，采访能否成功也已见一半。还说前面提到的白夜，他在采访美学老人朱光潜时，朱老谈到他读了梁启超《饮冰室合集》大受感动。白夜就接着问："您读过桐城派的文章吧?"这样，在采访中就开始了对中国文化的探讨。而记者在探讨中再来发现和研究被采访者的思想。但是如果记者自己没有读过桐城派的文章，他决不敢提这个问题，他的采访本上将会记不到这方面的东西，被采访者因此将再无兴趣谈与之有关的东西，将造成更大的然而是无形的损失。

再说写。记者看到的、采访到的是现实的东西，但要写成文章，只靠这一点是不够的。读者还想了解这事、这人的背景、历史，及与之有关的其他东西。而这些在采访现场常常没有，要靠书，要读大量的书。采访只能给你直接的、现实的素材，书本能补充间接的、历史的素材。只有这两者的结合，才能成为一篇有血有肉的文章。范长江的成名之作《中国的西北角》，里面记了许多他看到的、听到的材料，但同时也引了许多历史典籍、古诗词。他在写嘉峪关时就引了林则徐当年被发配西北时写的诗："天山巉峭摩肩立，瀚海苍茫入望迷。谁道崤函千古险，回看只见一丸泥。"这西北展现在读者面前的就不只是风光，还有历史、有情、有神了。这就要知识，要深厚的知识。我 1983 年秋也曾到西北采访过一次，一到兰州便开始买书，参观博物馆，搜集有关麦积山、敦煌、吐鲁番地方和左宗棠、林则徐、斯坦因、斯文赫定等中外历史人物的资料。后来在写消息、通讯和创作散文时，这些都用上了。文学创作中是很讲究用典的，新闻也是一样。对历史材料的引用与研究是新闻写作中决不可少的。新闻是将来的历史，那么我们现在写作时就有必要了解一下它过去的历史。这样，从纵的来说，才能使你的作品有历史的厚度，才不至于游离于历史之外。就是说它将不太"易碎"，而有一点历史价值。从横的来说，与文章内容有关的外围知识将使文章本身有一个坚实的基础，更使人爱读。就写作技巧来说，那些历史资料和有关知识，将是你的消息、通讯里的预制件和集成电路板，不需要占多少文字便可使读者得到更多的信息。而当你掌握了足够的知识后再来写一篇千字消息或通讯时，便如用勺子在海里舀水一样轻松自如了。所以无论是从采访还是写作的角度，你只要想当一名记者便首先应打好知识的基础，并且时时要不断地去加固这个基础。要永远保持手中一管墨，胸中墨一桶。

（《天津日报通讯》1985年第1期）

图书在版编目（CIP）数据

文风四谈/梁衡著．—北京：中国人民大学出版社，2013.3
ISBN 978-7-300-10608-3

Ⅰ．①文… Ⅱ．①梁… Ⅲ．①文风-文集 Ⅳ．①H051-53

中国版本图书馆 CIP 数据核字（2013）第 040426 号

文风四谈
梁　衡　著
Wenfeng Sitan

出版发行	中国人民大学出版社		
社　　址	北京中关村大街 31 号	**邮政编码**	100080
电　　话	010－62511242（总编室）		010－62511770（质管部）
	010－82501766（邮购部）		010－62514148（门市部）
	010－62515195（发行公司）		010－62515275（盗版举报）
网　　址	http://www.crup.com.cn		
	http://www.ttrnet.com(人大教研网)		
经　　销	新华书店		
印　　刷	北京中印联印务有限公司		
规　　格	165 mm×235 mm　16 开本	**版　　次**	2013 年 3 月第 1 版
印　　张	16 插页 1	**印　　次**	2019 年 5 月第 9 次印刷
字　　数	195 000	**定　　价**	49.00 元